É VINHO, NATURALMENTE!

Em defesa do vinho orgânico e biodinâmico
Luciano Percussi

Editora Boccato Ltda. EPP
Rua Afonso Brás, 473 - cj. 33
04511-011 - Vila Nova Conceição
Tel.: 11 3846-5141

EDITORA BOCCATO

Editora Gaia LTDA.
(pertence ao grupo Global Editora e Distribuidora Ltda.)
Rua Pirapitingüi, 111-A - Liberdade 01508-020
São Paulo - SP - Brasil (11) 3277-7999
www.globaleditora.com.br - gaia@editoragaia.com.br

Edição: André Boccato
Direção de Arte: Eduardo Schultz e Denio Banck
Coordenação: Maria Aparecida C. Ramos
Revisão: Rita Pereira de Souza

Editora Gaia - Diretor Editorial: Jefferson L. Alves
Diretor de Marketing: Richard A. Alves
Impressão: Palas Athena

```
Dados  Internacionais  de  Catalogação  na  Publicação   (CIP)
       (Câmara  Brasileira  do  Livro,  SP,  Brasil)

        Percussi, Luciano
           É vinho, naturalmente! : em defesa do vinho
        orgânico e biodinâmico / Luciano Percussi. --
        São Paulo : Gaia : Boccato, 2008.

           ISBN 978-85-7555-173-8

           1. Vinho e vinificação I. Título.


 08-08197                                  CDD-641.22
```

Índices para catálogo sistemático:

1. Vinho orgânico e biodinâmico : História 641.22

É VINHO, NATURALMENTE!
Em defesa do vinho orgânico e biodinâmico

Luciano Percussi

À memória do meu avô Attilio que me introduziu no mundo do vinho e aos meus netos Francesca, Chiara e Lorenzo, para que um dia descubram que vinho é cultura.

Luciano Percussi

Durante a minha infância escutei, como todas as crianças, contos de fadas, de príncipes e princesas, cavaleiros e dragões, florestas encantadas, etc., especialmente por parte de minha mãe e dos meus avós. Mas meu nonno Attilio me contava histórias diferentes que eram todas com um fundo de verdade e de experiência pessoal. Foi ao longo de alguns anos que, com seus contos, me fez descobrir, beber e quase conhecer o vinho. O vinho que ele amava, mas ao qual nunca se entregou para apreciá-lo em sua plenitude.

Aos meus filhos, quando eram pequenos, também contei e cantei muitas histórias, e hoje os meus netos gostam de escutar histórias de faz-de-conta e quando solicitado gosto de satisfazê-los. Certo dia, então, pensei em fazer como nonno Attilio fez comigo; mas pensando melhor no tempo que levaria para contar a história do vinho, decidi que não iria contá-la, mas escrevê-la.

Meus caros netos, Francesca, Chiara e Lorenzo, aqui começa a história, aquela longa e verdadeira história que não pude contar por falta de tempo, mas que consegui escrever para vocês lerem com calma, daqui a alguns anos quando estará terminado o tempo de "faz-de-conta" e estarão vivendo o mundo em sua realidade.

É uma história real escrita para vocês, mas que todas as pessoas deveriam conhecer também, porque todos têm o direito de saber como se faz o vinho, como poderia ser feito e, em parte, quais são os ingredientes indesejáveis que atualmente contém.

APRESENTAÇÃO

Não conheci nonno Attilio, mas deve ter sido uma pessoa notável. Foi ele quem introduziu Luciano Percussi, ainda garoto, no mundo do vinho. Produzia um Chianti das Colline Pistoiesi, mais escuro e robusto que os Chianti atuais, e gostava de contar histórias, não aquelas fantasiosas das lendas e contos de fadas, e sim baseadas na realidade da vida. Quem nos relata tudo isso é o próprio Percussi, ele mesmo agora nonno, neste encantador livro sobre o mundo dos vinhos. Como se verá ao longo das páginas, seu avô italiano é um personagem importante, uma espécie de elo entre passado, presente e futuro da vinicultura.

Como seu nonno, Percussi também é um grande contador de histórias. Aliás, ele diz que escreveu "Vinho, Naturalmente" para deixar a seus três netos um testemunho sobre a trajetória desta bebida maravilhosa que acompanha a humanidade desde os primórdios da civilização. Em estilo coloquial, permeado de lembranças e com a vivência de muitas viagens às regiões vinícolas e visitas a cantinas, Percussi mostra todos os passos percorridos por um vinho, do vinhedo ao engarrafamento. É técnico, quando necessário, e poético sempre que possível, especialmente ao descrever a bucólica paisagem das colinas cobertas de vinha. Ele se emociona com o verde das folhas misturado às multicoloridas flores de campo na primavera toscana, com os dias luminosos do outono que tingem de amarelo a região de Champagne e de vermelho os Langhe, no Piemonte, ou com as pérgulas e parreiras nas íngremes encostas das Cinque Terre.

Fala de solos, climas, métodos atuais de vinificação. Como quem não quer nada, Percussi entrega pequenos truques e artimanhas usados pelos enólogos nas adegas, para preparar cada um de seus vinhos. Menciona ainda os princípios básicos do envelhecimento, guarda, serviço e degustação. Aos poucos, compõe um manual completo sobre tintos e brancos. Nesse aspecto, seria semelhante a outros bons livros sobre vinhos existentes em nosso mercado. A diferença, além do estilo personalíssimo, é exatamente a presença de nonno Attilio.

Luciano Percussi comenta que nos dias atuais, os vinhos do avô não seriam bem recebidos no mercado. Eram naturais, no sentido de serem produzidos apenas de acordo com as leis da natureza, mais rústicos, porque ele não dispunha de recursos e tecnologia. O consumidor hoje prefere tintos redondos e bem acabados. Para fazer sucesso, segundo ele, muitas empresas lançam mão de artifícios e exageram no que chama de "maquiagem do vinho". Nos vinhedos, alerta, é a mesma coisa: o uso excessivo de agrotóxicos mata as pragas, mas torna as vinhas um deserto de vida biológica.

Por isso, Percussi é fã declarado da agricultura biodinâmica, que resulta em vinhos biológicos. Acredita que, sem agredir a natureza com produtos ou processos danosos, e utilizando a tecnologia moderna no que ela tem de saudável, as empresas conseguirão no futuro oferecer vinhos tão estupendos quanto os melhores de hoje. E o que aconteceria? Seria a volta gloriosa dos vinhos do nonno Attilio, agora muito melhorados e genuínos! Assim se entende também porque Percussi chamou seu livro de " É Vinho, naturalmente". Um título perfeito para expressar tudo o que ele pensa sobre a mais antiga bebida já produzida pelo homem.

José Maria Santana, jornalista

PREFÁCIO

É vinho, naturalmente!

Um bom vinho é o que se mantém o mesmo, ano após ano, sem alterar qualquer uma de suas características e particularidades, agradando sempre a quem o aprecia. Certo? Errado. O vinho é como um ser e, a cada safra, recebe a influência das diferenças do clima, do solo, da colheita, etc., na sua criação, transmitindo essas alterações para sua cor, seus aromas e o paladar. A menos que sofra uma verdadeira intervenção drástica, vinho algum será o mesmo no ano seguinte.

Com esse ensinamento aparentemente simples, Luciano Percussi argumenta a favor de se manter a boa tradição dos vinhos originais e com personalidade, observando os métodos tradicionais de cultivo e produção, menos agressivos ao meio ambiente e capazes de revelar a natureza autêntica e variada da nobre bebida.

É vinho, naturalmente!, em um primeiro momento, é um depoimento, um resgate pessoal de um aprendizado que se iniciou na infância do autor na Itália, com o avô Attilio, e exprime a síntese do conhecimento acumulado sobre o longo e meticuloso processo de se extrair da natureza uma bebida tão rica e variada como os elementos que a compõem. Mas não bastou ao autor dedicar-se a mostrar o processo regular de cultivo da uva, da colheita em tempo certo, da fermentação do mosto em temperatura adequada, do engarrafamento e, supremo prazer, da degustação. Percussi nos ensina que o domínio correto da técnica em cada uma dessas fases, aliada à sensibilidade e ao conhecimento intuitivo de quem as controla, são os elementos que se associam à natureza para dar ao vinho a autenticidade e personalidade desejadas.

Com isso, quer também nos advertir sobre o emprego indiscriminado da tecnologia na obtenção das características e da regularidade que o consumidor médio tanto busca. Ou seja, os tintos, brancos e espumantes tantas vezes apreciados e dignificados, nem sempre refletem a verdade sobre sua condição original.

Mas o leitor não ficará tomado apenas pelas considerações sobre o passado e o presente da arte de produzir e apreciar a bebida dos deuses. No segundo momento deste livro, Luciano Percussi nos convida a um retorno ao futuro, ou seja, a conhecer e a respeitar o vinho orgânico, essa nova tendência que se afirma cada vez mais entre os produtores do mundo todo. Com o vinho orgânico, as lições aprendidas ao longo de milênios de vinificação são revisitadas e o resultado naturalmente surpreende: vinhedos que devolvem à natureza o equilíbrio perdido e vinhos que trazem aromas, paladares e aspectos sempre renovados.

Passado, presente e futuro são as faces desta obra de memórias e reflexão, criada com o sentimento autêntico de quem aprecia no vinho o encontro da natureza com o engenho, resultando em uma experiência de prazer sempre renovado.

Luiz Baggio Neto

Índice

INTRODUÇÃO 14

CAPÍTULO I - HISTÓRIA 17

CAPÍTULO II - A VITIS E SEU HABITAT 27

CAPÍTULO III - A EVOLUÇÃO DA TÉCNICA DE PRODUÇÃO E A UVA GAMAY . . .35

CAPÍTULO IV - A FERMENTAÇÃO TUMULTUOSA E O ENÓLOGO 47

CAPÍTULO V - A VINIFICAÇÃO E O TRATAMENTO DO VINHO 53

CAPÍTULO VI - AS TRASFEGAS E OS COMPONENTES DO VINHO 67

CAPÍTULO VII - O TEMPO, O HOMEM, O VINHO 75

CAPÍTULO VIII - O JULGAMENTO DO VINHO 81

CAPÍTULO IX - CONSERVAÇÃO DO VINHO 93

CAPÍTULO X - DO LUGAR DE DESCANSO À MESA 103

CAPÍTULO XI - O CHAMPAGNE 109

CAPÍTULO XII - AGRICULTURA BIODINÂMICA 119

CAPÍTULO XIII - A VOLTA AO FUTURO 125

CAPÍTULO XIV - O VINHO BIOLÓGICO 135

CAPÍTULO XV - O RÓTULO DO VINHO BIOLÓGICO 147

CAPÍTULO XVI - UMA VISÃO ORGÂNICA DO VINHO PROSECCO 151

CAPÍTULO XVII - ALGUNS CONSELHOS PARA A DEGUSTAÇÃO 155

INTRODUÇÃO

A evolução do vinho aconteceu paralelamente aos acontecimentos decididos pelos povos e pelas lentas, mas inexoráveis, mudanças climáticas que dirigem nosso planeta desde seus primórdios. Não é fácil e é incerto determinar uma ordem cronológica exata de quem ou o quê chegou primeiro na Terra; mas uma coisa é certa: a videira apareceu na Terra antes do homem - homem ou hominídeo, ou um dos nossos ancestrais mais antigos, não faz diferença. O fato é que depois de um tempo, o senhor entre os animais que povoavam a Terra percebeu a presença da vitis, (labrusca ou outro tipo, mas isto não faz diferença), e com sua primitiva inteligência conseguiu de algum modo extrair dos frutos dela um líquido que, com os milênios, tornou-se a sua bebida preferida. Deve ter sido difícil chegar ao vinho!

Raciocinando ou por acaso esmagou a uva provavelmente com as mãos e bebeu o suco e deve ter repetido esta operação mais vezes, até que distraído ou cansado abandonou aquilo numa cavidade de pedra ao ar livre que com o tempo fermentou e tornou-se vinho.

No tempo tudo evolui e com o desenvolvimento do cérebro humano evoluíram os gostos como também as técnicas para melhorar o sistema de vida. Com o mudar dos gostos e o aperfeiçoamento das técnicas, também o vinho foi se modificando para satisfazer as contínuas mudanças no comportamento e nos hábitos do homem.

Foi o primeiro vinho uma bebida pura comparável ao azeite extra-virgem de primeira espremida.

A história nos diz muitas coisas em relação ao vinho, aos povos que o produziam, ao avanço da tecnologia que fazia parte do produto. O mundo sempre mutante, a população em contínuo aumento, as exigências naturais e talvez as ganâncias comerciais pressionando, chegou-se a produzir vinhos tão genuínos, embora rústicos como os primeiros, mas vinhos elegantes com perfumes e sabores sublimes, quase irreais: umas glórias para serem bebidas. Chegou-se ao topo do requinte, mas nem todos ficaram satisfeitos.

Aproveitando que à evolução não pára, já são muitos os que pensam em voltar ao passado, servindo-se da moderna tecnologia, porém sem usar produtos e meios estranhos à natureza.

No fim as opiniões serão divididas, o que será um bem para o vinho que sempre fez, faz e sempre fará discutir os homens.

CAPÍTULO I
HISTÓRIA

Para poder oferecer um panorama satisfatório sobre as origens da videira e do vinho, é preciso voltar atrás no tempo quando o mito confunde-se com a Pré-história. A *VITIS* é uma das mais antigas plantas que apareceram na Terra, bem antes da chegada do homem, e isso se deu na Era Terciária há mais ou menos 50.000.000 de anos. As origens do vinho pertencem a um passado remoto de muitos milhares ou talvez milhões de anos, não sendo possível estabelecer uma data exata para marcar o começo do cultivo da videira ou quando se iniciou o aproveitamento dela e conseqüentemente a produção do vinho. Tampouco é possível afirmar com precisão de qual continente é originária. Não sabemos ao menos se brotou num dos atuais continentes, ou se existia em um ou mais lugares quando a África ainda formava um único continente com as Américas, ou bem antes quando o mar Mediterrâneo era um grande lago que periodicamente secava e tornava a encher, ou se foi depois disso tudo. São hipóteses baseadas em raciocínios lógicos, mas bem mais próximas de suposições do que de dados reais historicamente comprovados.

Sendo a videira uma planta do clima temperado, não poderia viver espontaneamente em terras muito frias, como é atualmente no Alaska, Groenlândia, Islândia. Todavia foram encontrados répteis fósseis em terras hoje cobertas pelo gelo, o que nos faz supor que em tempos remotos a videira pode ter prosperado por lá. Sem que o homem tenha interferido no curso da natureza, com o desenrolar das eras geológicas aconteciam as grandes mutações. Migrações e extinções de seres vivos que habitavam o planeta; que passou do frio ao quente em meio a imensos movimentos telúricos, das trágicas erupções vulcânicas, dos possíveis impactos com meteoros, dos grandes maremotos que quebravam ou engoliam inteiros os continentes; também as plantas devem ter mudado de habitat para poder continuar vegetando. A videira não foi certamente poupada desse trágico e infernal carrossel que mudou a face da Terra inúmeras vezes até recentemente, quando assumiu o aspecto físico-geográfico atual com esse clima que continuou modificando-se nos últimos 50.000 anos.

Ninguém sabe ao certo quando se começou a fazer vinho com consciência daquilo que se fazia e como começou o processo de vinificação. O que sabemos com certeza é que, na época dos Ários, Assírios, Babilônios e Sumérios, o sul do Cáucaso e a Mesopotâmia eram terras férteis e produtivas. Os rios Tigre e Eufrates sulcavam uma planície muito fértil, farta em agricultura e civilização. No entanto, no rápido transcorrer de alguns poucos milênios, aquela planície tornou-se um deserto coberto de areia, com um clima tórrido, impróprio para uma cultura extensiva, principalmente para a viticultura.

Embora com condições climáticas desfavoráveis, pelos nossos conhecimentos históricos, sabemos que essa região foi o berço de uma grande civilização que originou a civilização ocidental e com ela a vitivinicultura moderna.

A videira parece ter sido destinada a acompanhar as mudanças climatológicas das regiões onde prosperava espontaneamente para manter-se no seu habitat e continuar frutificando. Não temos notícias de como chegou à Mesopotâmia. É provável que a Era Glacial tenha empurrado plantas e animais das terras que estavam-se congelando, em direção a outras mais prósperas e menos frias para a conservação das espécies. Mas quem as levou até lá? Foi a própria natureza em sua perfeita metamorfose ou foi Noé? Embora não seja uma data muito confiável, é uma hipótese a ser considerada. Se, como relata a Bíblia, foi Noé o primeiro a plantar a primeira videira e o primeiro a fazer vinho, certamente o fez depois da grande chuva, quando a Arca ficou encalhada sobre o Monte Ararat. O fim do dilúvio universal; esta pode ser uma data de partida. Noé certamente deve ter escolhido um terreno idôneo para cultivar a videira nas proximidades de onde a arca encalhou; mas seus filhos de lá partiram em direções diferentes à procura de novas terras e não é excluída a possibilidade de que um deles tenha chegado a não distante Mesopotâmia. O raciocínio talvez seja um pouco fantasioso, mas poderia ser verdade.

A verdade é que há 10.000 a.C. a videira prosperava no sul

do Cáucaso, justamente ao norte da Pérsia, na Armênia e na Geórgia atuais. Cerca de 4.000 anos a.C. a *vitis* era cultivada nos oásis e na bacia do baixo Nilo no Egito. Como chegou até lá? É possível que o homem tenha interferido nessa transferência, mas é pouco provável. A história desta peregrinação é cheia de lacunas até que dados históricos comprovados demonstram que a videira era cultivada racionalmente na Grécia, aonde chegou do Oriente Médio depois que se tinham exaurido os vinhedos do Egito. Pressupõe-se que deve ter sido outra migração espontânea devido à mudança de clima. Assim é possível que há 6.000 anos ou mais o clima no médio e baixo Nilo era menos quente do que é atualmente, e criou-se na bacia do Mediterrâneo o clima ideal para o desenvolvimento de uma viticultura que teria alcançado em 3.000 ou 4.000 mil anos, 3/4 da produção mundial do então mundo conhecido. É desde essa época que há documentação válida comprovando a cultura da videira como atividade agrícola e a produção do vinho. O que é anterior a esse período são descobertas arqueológicas como fósseis do Pliocene e primitivos lagares de pedra que datam de 10.000 anos a.C.

Os Egípcios, antes dos Gregos, alcançaram uma produção racional e chegaram a identificar os vinhos com a safra e o produtor. Praticamente inicia-se com os Cretenses, seguidos pelos Gregos e mais tarde pelos Romanos, a grande migração da videira até os mais longínquos recantos do Império Romano, mesmo em lugares onde já existia, como na Itália, na Gália e na Dácia (atual Romênia). Mais que uma migração espontânea, essa foi um real transporte de mudas efetuado pelo homem. Foi uma verdadeira colonização que como uma mancha de óleo viria a ser, mais tarde, uma cultura extensiva que cobriria a Europa desde Portugal à Romênia e desde a bacia do baixo Reno e sul da Inglaterra, até a costa da África do norte.

A videira que vegetava espontaneamente na face da Terra era uma *vitis silvestris* de diferentes cepas como a *Aestivalis*, *Cineria*, *Labrusca*, *Riparia* e seguramente outras. Quando o homem marcou sua presença no planeta, todas estas plantas já existiam e deviam ser em grande número e em muitos lugares, sendo elas trepadeiras e, portanto, com grande tendência a espalhar-se pelo chão ou subindo em outras árvores ou pedras que lhes dessem pontos de apoio. Seus frutos podiam ser colhidos com facilidade, da mesma maneira que colhemos as amoras silvestres, as framboesas e os morangos silvestres. Contudo não sabemos se quem colhia a uva a comia diretamente ou rudimentarmente a vinificava. Se fosse correta a segunda suposição, poderíamos dizer que o vinho data da pré-história.

No caso de realmente ter sido feita de alguma forma uma bebida alcoólica, que o homem moderno chamou mais tarde de vinho, devia ser sem dúvida de um gosto raro, com muita cor e muito tanino e com absoluta certeza não agradável para os nossos paladares. Sem que os primitivos habitantes da Terra interferissem em seu crescimento e desenvolvimento, a videira era certamente uma planta frondosa se parecendo mais com uma bougainville, do que com as videiras de nossos vinhedos com os galhos curtos e aparados.

Sabemos que os homens que vinificavam nos enterrados lagares de pedras usavam a *vitis labrusca* e por esse motivo a produção, do ponto-de-vista qualitativo, não era muito boa e porque não tinham ainda descoberto a poda, que foi a glória dos Gregos. Mas ao longo dos tempos, a própria natureza encarregou-se de acertar as coisas e, com acontecimentos aparentemente fortuitos, ensinou aos vinhateiros a intervir para melhorar o que já consideravam suficientemente bom. As mutações espontâneas que aconteciam em épocas passadas – e que continuam em nossos dias – foram certamente muito mais freqüentes. Juntando essas mutações naturais com o espírito pesquisador do homem, chegamos, certo dia, a praticar não somente a poda como também o enxerto. Essa importantíssima operação é relativamente fácil, simples e de fácil execução; mas o difícil foi descobri-la. Quando se misturam elementos variados de uma mesma espécie, o resultado é sempre um produto melhor. Se isso vale para a raça humana, vale também para as plantas. Não pensando nisso, é claro, mas estimulado pela curiosidade, pelo espírito inovador ou pela dúvida, o homem certa vez enxertou um galho de videira de uma cepa num outro de um tipo diferente, obtendo uma segunda espécie, um híbrido que talvez não o satisfizesse. Mas com o passar do tempo, pelas mutações e cruzamentos naturais, chegou-se a uma nova planta que provavelmente era a *Vitis Vinifera*.

Com o tempo foram se aperfeiçoando também as técnicas de plantio e de cultivo até chegar às usadas atualmente. Durante esse longo período que durou alguns milhares de anos, o vinho tinha sido produzido, mas sua data de nascimento, mesmo aproximada, como já disse, está perdida nos tempos.

Sendo o homem um ser racional, estabeleceu em tudo um ponto de partida: postulados e regras que lhe permitissem, com sua filosofia, raciocinar, desenvolver e concluir seus cálculos para depois escrever e contar a imensamente variada história de seu planeta.

A Bíblia estabeleceu taxativamente que Noé foi o primeiro a fazer vinho e os historiadores, que não podiam contestar nem confirmar esta data com exatidão, estabeleceram que o vinho já era produzido com certas técnicas há dez mil anos, baseando-se nos fatos concretos das descobertas arqueológicas. Embora não seja uma matemática e uma legítima data de calendário, é a partir daí que se escreve a história do vinho.

Se foi há dez mil anos ou se foi Noé o primeiro a fazer vinho, não é relevante em si, mas é importante saber que dentre todas as bebidas elaboradas pelo homem, o vinho é a mais antiga. Ele o acompanhou em sua caminhada de gerações sem nunca abandoná-lo, oferecendo-lhe vasto campo de saudável trabalho e tornando-se, por sua alegria, "a mais saudável das bebidas", como disse Pasteur.

Quando o homem deu-se conta da importância e do grande valor dessa bebida, que lhe proporcionava alegria, bem-estar e era uma grande fonte de riqueza, pensou que um simples mortal não podia ter inventado uma coisa tão extraordinária, divina. Em sua eterna procura espiritual ou talvez entusiasmado pelas extraordinárias qualidades do vinho ou pelos seus efeitos póstumos sobre seu estado físico, pensou e acreditou que somente um deus podia tê-lo criado. Foi assim que entre os antigos surgiu o Deus do Vinho. Foi atribuída a descoberta da videira e do vinho a um deus que vinha da Ásia e que se chamava Dionísio. Foi com esse nome que foi adorado pelos Gregos e que os Romanos rebatizaram de Bacus. Segundo sua mitológica história, Bacus era filho de Zeus (Júpiter) e da bela Semele originária de Tebas. Embora grávida, morreu carbonizada por um raio lançado pelo próprio Zeus porque quis conhecê-lo em sua completa majestade divina. O pequeno Dionísio não estava ainda pronto para nascer, mas o pai o manteve escondido, costurado dentro de uma das suas coxas para salvá-lo da vingança de sua legítima esposa, a ciumenta Era. Quando nasceu, Zeus o enviou para Nisa onde foi cuidado pelas ninfas e pelo bom velho Sileno. Dionísio ou Bacus, quando adulto descobriu a videira que aprendeu a cultivar e produziu vinho com o qual presenteou a todos, amigos e inimigos. Aos amigos para provocar-lhes o êxtase divino e aos inimigos para enlouquecê-los. Percorreu o mundo inteiro seguido por um alegre cortejo de sátiros, faunos, ninfas e bacantes que se tornaram suas sacerdotisas. Certo dia, estando na Ilha de Naxos, encontrou Arianna que o cruel Teseu tinha abandonado. Diosínio, que conheceu a amargura dos humanos e dos deuses, teve piedade e casou-se com ela permanecendo-lhe fiel pela eternidade. Sendo filho homem de um deus, nasceu mortal, mas tornou-se um deus. Quando os Titãs se rebelaram contra Júpiter, ele correu em defesa do pai. Foi morto em combate, mas por vontade paterna ressurgiu imortal.

Diosínio, Deus da Música e das Danças orgiásticas, foi um deus "gaudente" e tirano em virtude de seus poderes inebriantes. Enfim, Dionísio, já como Bacus, agita a Roma Imperial. Seu espírito domina os sentidos dos participantes dos banquetes orgiásticos e as outras festas religiosas, celebradas à noite ao som de pandeiros e outros instrumentos barulhentos, criando uma atmosfera de exaltação que acabava provocando excessos de todos os tipos. Sua lenda e seu culto continuaram até que novos tempos o destronaram de um reinado irreverente e libertino; sua figura picaresca e libertina, todavia, é lembrada como o imortal Deus do Vinho.

CAPÍTULO II
A VITIS E SEU HABITAT

Não é por acaso ou por simples capricho da natureza que, durante milênios, a videira ou *Vitis* sofreu mutações e migrações entre lugares muito distantes entre si, fugindo de climas e solos adversos procurando "*terroir*" favoráveis à sua sobrevivência. Pela natureza antes e pela mão do homem depois foi levada a uma procura quase sem fim de um habitat ideal que lhe permitisse estabelecer-se para poder libertar todo o seu potencial. De fato dois dos fatores básicos para que a videira possa dar o melhor de si são: o clima e o solo. A *vitis* é uma planta de incrível resistência que desafiando seus princípios pode sobreviver chegando a frutificar também em regiões reconhecidamente não adequadas às suas características. Por sua constituição biológica é uma trepadeira que vegeta e vive subindo em árvores ou rastejando, mas pode perfeitamente limitar-se a ser conduzida pela mão do homem que faz dela uma planta versátil, de várias e bonitas formas, sem afetar sua produção; aliás, quando guiada pelo homem produz mais e melhor. Definiria a *vitis vinifera* a planta que a cada ciclo vegetativo completo nos dá a uva para fazer vinho, uma planta valente e ao mesmo tempo submissa. Seu clima preferido é o temperado que lhe oferece primaveras molhadas de frescas chuvas, verões quentes e ensolarados e longos invernos, durante os quais descansa hibernando com suas profundas raízes no aquecido subsolo, deixando seu caule forte e contorto na superfície para resistir bravamente às intempéries e aos ventos gélidos invernais.

Por ser amante de terrenos pouco férteis, suas raízes agarram-se ao terreno com força incrível. Descem verticalmente nas profundezas (até dez metros ou mais) em terrenos moles ou abrem caminho nas rochas como o xisto, ou seguem as pedras do subsolo como répteis, agarrando-se a todas as asperezas existentes, tornando-se extremamente fortes. Sua sobrevivência é proporcionada justamente pelas suas raízes que não amam a água, a não ser que seja de passagem, quase como uma ducha. Por isso seus terrenos favoritos são os inclinados e bem permeáveis.

Os vinhedos cobrem áreas panoramicamente encantadoras dando a cada região uma característica diferente. O verde das folhas misturado às multicoloridas flores de campo na primavera como na Toscana, ou os amarelos e vermelhos do outono, completam a paisagem sempre mutante, viva e fascinante. É nos dias ainda luminosos, no início do outono, que em cada região de cada país, assumem formas e coloridos diferentes como nos vales da Califórnia, ou nos outonos amarelos de Champagne, ou no mar vermelho dos Langhe, ou ainda o bege queimado quase ferrugem, das minúsculas parreiras e pérgulas cobrindo as íngremes encostas das *Cinque Terre*. É uma planta generosa porque quando sua colorida folhagem colocada como escudo em defesa de algo valioso cai desnudando os galhos, deixa expostos em oferta opulentos cachos de uva madura que são seus frutos. São eles de cor amarelo-ouro ou vermelho escuro ou azulados e outras lindas cores, plasmados em belas e diferentes formas pela mão de um invisível e versátil artista.

Formam-se cachos túrgidos bagos, cobertos por preciosa pruína, que tenham perdido quase todos os ácidos, dando lugar aos açúcares juntamente a outros elementos que compõem sua estrutura. Chegar à uva é um dos tantos milagres que a natureza cumpre. Para que isso possa acontecer é necessário que a videira esteja apta a produzir no período que vai de seu quarto ano de vida, até sua idade-limite que varia de lugar para lugar e de acordo com o pensamento dos enólogos. Na Europa a videira é desfrutada, na grande maioria dos casos, até trinta e cinco anos ou pouco mais. É claro que estes limites não são matemáticos e dependem das condições ambientais locais. No Brasil, por exemplo, uma videira tem uma vida produtiva de pouco mais de vinte anos. Aos trinta e cinco anos não é que uma videira morra ou deixe de produzir, é que depois dessa idade começa a perder a força de boa produção, indo ao encontro de uma alteração de qualidade. Embora essa teoria seja aceita pela grande maioria, há quem não aceite, evitando a substituição por plantas novas. Esses últimos alegam que depois dos trinta e cinco anos a qualidade dos frutos volta ao melhor e portanto melhora o vinho. Biondi Santi, por exemplo, pertence a essa última leva de produtores.

Antes de proceder ao plantio de um novo vinhedo, em qualquer parte do mundo, onde a vitis possa prosperar, é indispensável uma série de estudos preventivos que duram alguns anos. Em primeiro lugar é preciso conhecer a altitude sobre o nível do mar do terreno escolhido. É bem verdade que a vitis vive e prospera de 0 a 1000 metros de altitude, mas seu nível ideal é entre 350 e 500 metros. A escolha depende também da estrutura geológica, de sua localização geográfica, da permeabilidade do solo, das horas de insolação durante o dia ao longo de um ano solar, da temperatura durante as várias estações e da intensidade pluviométrica. Essas pesquisas, embora executadas com o maior cuidado, nem sempre dão bom resultado. Com referência ao terreno podem ser aportadas correções em relação a algo como sua composição química. O objetivo principal desses interventores visa modificar o pH aproximando-o aos valores ideais o quanto possível. Não podem ser modificadas a permeabilidade e a composição geológica do terreno. O clima será o responsável pelas características de um vinho. Ele é o administrador inapelável, ou quase, das condições atmosféricas que determinarão se a colheita das uvas será boa ou não. Disse inapelável ou quase porque o homem pode interferir, com mais ou menos sucesso, na tentativa de evitar chuvas de granizo. Daí os vinhos sairão mais fortes ou mais fracos, mais ou menos ácidos e se alguns deles serão idôneos para serem produzidos.

Dos quatro elementos que determinam a produção do vinho, o clima é o único que praticamente não pode ser modificado. É possível aportar correção no terreno, trocar de cepa, mudar o sistema de vinificação, corrigir parcialmente o solo, mas para o clima a única coisa que pode ser feita é rezar para que seja favorável. Rezar para que as geadas da primavera não destruam a floração, que as chuvas não caiam quando os ácidos já estejam formados rompendo os bagos e provocando consequentemente o apodrecimento dos mesmos. Única arma de certa eficácia são os foguetes lançados (quando possível e em tempo útil) contra as nuvens carregadas de granizo antes que se descarreguem sobre os vinhedos. Além disso, é necessário um mínimo de horas de insolação, bastante luminosidade com uma não excessiva caída de chuva. Pelo visto o vinhateiro, além de seguir seu delicado trabalho, tem que torcer muito para que as divindades do céu colaborem com ele concedendo-lhe invernos não excessivamente frios e verões não demasiado quentes. Em suma, para obter uma boa safra do ponto-de-vista meteorológico é preciso que todos os elementos mantenham-se dentro dos limites de tolerância, suportáveis pela videira.

Terrenos pouco permeáveis e férteis produzirão vinhos pobres e de pouca qualidade. Os grandes vinhos são o produto de terrenos inclinados (colinares), de boa permeabilidade e pouco férteis (Toscana, Piemonte, Borgonha, Nova Zelândia, Chile, Mendonza). Vinhos leves e delicados procedem de terrenos cascalhosos (Vêneto). Os terrenos calcáreos são adequados para produzir vinhos encorpados, de boa cor e perfumados (Sicília). Vinhos finos de grande perfume e pouca cor são produzidos em lugares onde antigamente havia o mar, (Roero e Monferrato), que deixou terras ricas em areia e fosfatos. Terrenos argilosos, colinares e permeáveis dão vinho fortes e elegantes (Toscana). Vinhos com notável aroma, acentuada cor e amplo sabor, são fruto de terras vulcânicas (Etna, Irpinia, Vulture).

A responsabilidade pela produção de todos esses tipos de vinho, com essas características específicas, é exclusivamente do homem que escolhe o local para o plantio de suas vinhas. Depois de ter feito todas as pesquisas preventivas como descrito acima, procederá ao plantio das cepas que lhe darão qualidade potencial. É verdade que a videira é uma planta forte que também sobrevive em ambientes adversos ao seu preferido, mas para que ela possa render ao máximo, precisa de todo conforto, precisa de todo conforto que encontra dentro de sua zona geográfica, com seu respectivo micro clima. Achado o lugar considerado certo, tudo faz esperar por um bom resultado. O homem, ou melhor, o seu trabalho é o último dos elementos que influi na produção do vinho, sendo sua intervenção determinante pelo bom ou mau resultado final. Esse personagem até agora chamado de homem é o ENÓLOGO. Juiz inapelável que decide tudo ou quase tudo. Decide quando colher a uva, que tipo de vinho fazer; se for para envelhecimento ou de rápido consumo e todas as fases até o engarrafamento e a comercialização. Disse "quase tudo" porque às vezes, por motivos comerciais, deve seguir as disposições do proprietário e isso pode influir na qualidade do vinho.

Se a matéria-prima (uva) que terá a sua disposição é de boa qualidade e não cometer erros, conseguirá fazer um bom vinho; mas, se as uvas não forem boas, o resultado fatalmente será um vinho de qualidade insuficiente. Em outras palavras podemos afirmar que com uvas boas pode-se fazer bons ou maus vinhos, mas com uvas ruins o vinho nunca será bom.

O ciclo completo do vinho para o consumo vai desde a brotação da videira, passando pela colheita, pela vinificação até o engarrafamento. Esse tempo vai mais ou menos de nove meses até alguns anos dependendo do tipo de vinho.

Terra idônea, racionalmente cuidada, cepas apropriadamente escolhidas, muito sol, luminosidade, pouca água, ótima maturação e finalmente competência do enólogo, formam os pilares que sustentam a qualidade do vinho.

CAPÍTULO III

A EVOLUÇÃO DA TÉCNICA DE PRODUÇÃO E A UVA GAMAY

A visão de uma extensão de terra plantada, a vinha, é uma vista panoramicamente única e fascinante. Passando em frente a um vinhedo, seja no inverno quando as videiras só têm em exposição os caules contortos e os ramos ressecados, ou durante o outono mostrando sua folhagem colorida e seus cachos dependurados, é como passar em frente a um *outdoor* com uma bela mulher que, de qualquer ângulo que seja observada, seu olhar permanece fixo em você. Olhando um vinhedo tem-se a linda ilusão ótica de que suas parreiras vêm ao seu encontro, partindo de um único ponto convergente.

O espaço entre as espaldeiras é suficiente para permitir que o terreno seja mantido limpo e trabalhado para que não endureça prejudicando o respiro das raízes das plantas. Onde o terreno é plano ou pouco inclinado o tratamento imunizante contra os insetos e doenças mortais para a videira é feito com tratores.

Esse tipo de terreno, além de permitir um trabalho mecanizado, permite a colheita mecanizada da uva, que tem sua grande vantagem na economia de mão-de-obra e conseqüentemente uma redução sobre o custo do vinho. Para se ter uma idéia, direi que uma máquina para colher substitui 50 pessoas. Nos terrenos colinares de acentuada pendência ou em zonas cultivadas a terraços ou pérgulas, todos os trabalhos são executados manualmente. A colheita mecânica, embora seja mais econômica, apresenta alguns pequenos inconvenientes (tipo de cultura, limpeza e integridade dos cachos), que fazem os produtores preferir ainda a coleta manual.

Com uma tesoura ou com um canivete especial corta-se o pedúnculo dos cachos que são recolhidos diretamente num cesto e sucessivamente despejados na caçamba de um trator, ou postos em caixas de plástico apropriadas e com as uvas já divididas por qualidade, e são levadas até a adega para a vinificação.

Quando se iniciou documentar a história do vinho, por volta de 10.000 anos A.C., não havia adegas para vinificar. Em proximidade dos vinhedos ou onde as videiras cresciam espontaneamente, os que faziam vinho abriam um buraco no terreno revestindo-o de barro para torná-lo impermeável e despejavam lá dentro as uvas recém-colhidas, cobrindo-o depois com uma tampa de tal maneira a impedir que coisas ou corpos estranhos pudessem cair lá dentro. É fácil imaginar o que acontecia no interior daquela espécie de ânfora enterrada. A massa da uva iniciava sua normal fermentação produzindo o vinho que logo em seguida seria de alguma forma retirado.

É incerto se as uvas eram previamente amassadas ou se eram despejadas no buraco como eram colhidas. Nesta segunda hipótese, que me parece a mais provável, é quase certo que, pelo pouco cuidado com que colhiam a uva, os cachos deviam conter bagos inteiros e abertos. A fermentação subseqüente era então mista, sendo em parte normal e em parte por maceração carbônica, sem que os autores se dessem conta disso.

A evolução técnica levou os primeiros produtores a usar lagares de pedras ao ar livre. Eram blocos de pedra escavados como grandes bacias onde a uva era amassada e lá dentro acontecia a fermentação tumultuosa. No início, quando esta terminava, o vinho era retirado e guardado em recipientes de barro e consumido. É pouco provável que esses, quase mitológicos, vinhateiros esperassem a fermentação lenta e seu fim antes de beber. De certo bebiam prematuramente e o vinho não devia ser nenhum néctar.

Com os Gregos e depois com os Romanos a técnica de vinificação progrediu muito. Estes últimos, além de amassar a uva para extrair (foto) o máximo de vinho, usavam prensas enormes e que poderiam ser utilizadas ainda hoje (vide Museu do Vinho em Torgiano); porém a conservação por parte desses povos, embora muito civilizados, era muito variada e duvidosamente correta e eficaz. Os Gregos, que ampliaram suas pacíficas conquistas em quase toda a costa do Mediterrâneo, a exemplo do que já tinha acontecido com os cretenses, tinham no vinho uma mercadoria de muito valor. O comércio que fizeram desta bebida foi por longo tempo uma preciosa fonte de riqueza. Para não perdê-la tiveram que

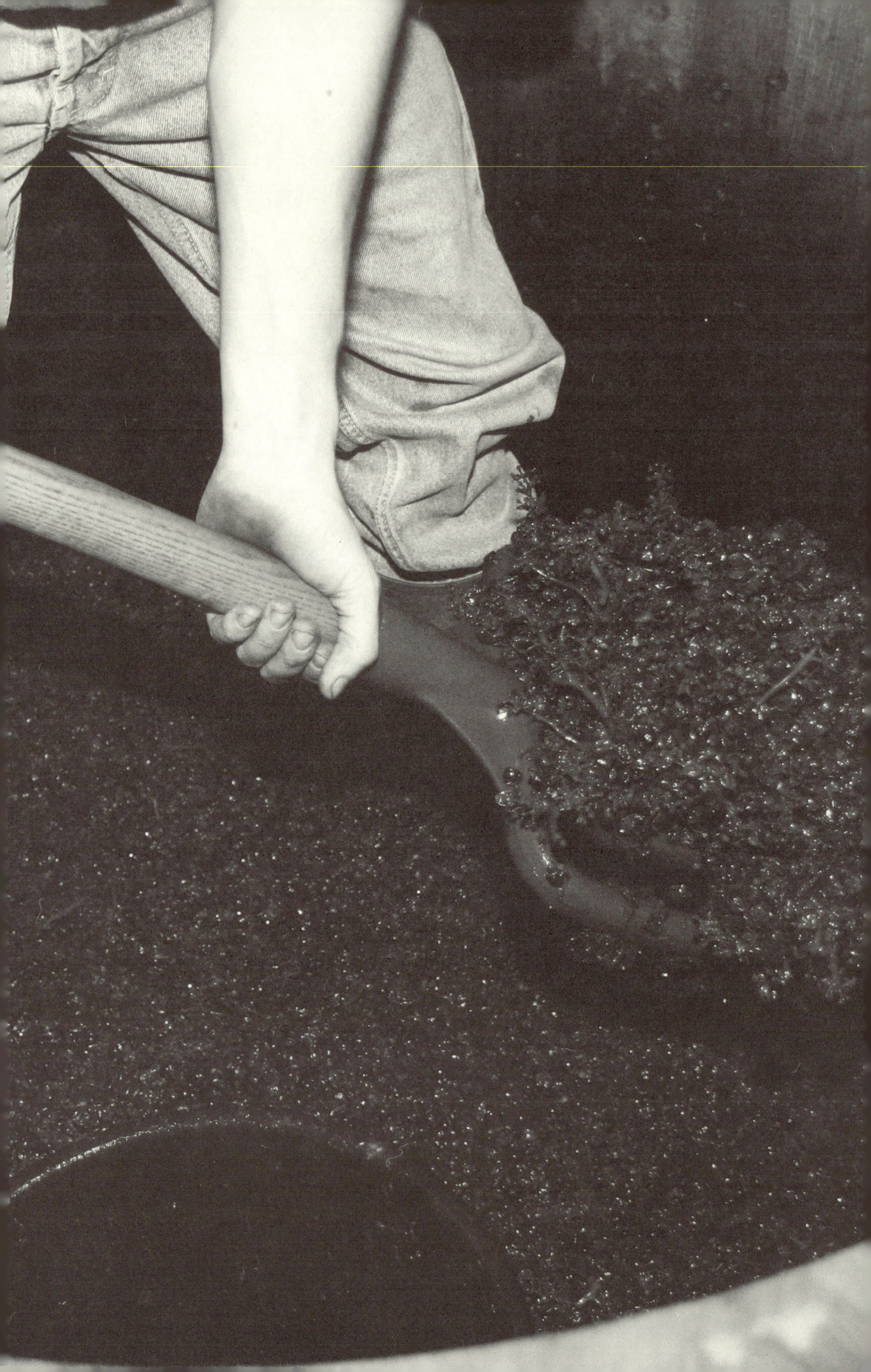

descobrir onde e como transportá-la sem que se estragasse durante as demoradas e difíceis travessias marítimas. As peles de cabra ou de porco foram os primeiros recipientes usados para o transporte e para a conservação usavam colocar dentro umas pedras de incenso. Essa substância é a resina que, mediante um pequeno corte ou também naturalmente, sai do tronco dos pinheiros marítimos e que, ao contacto com o ar, se solidifica. O incenso que também é usado em cerimônias religiosas para benzer os fiéis, o contato com o fogo solta uma densa fumaça e um perfume característico. Esse perfume passa a ser gostoso quando o incenso é posto dentro do vinho dando-lhe aquele paladar tão querido pelos Gregos antigos e modernos, mas recusado pela maioria dos outros consumidores de vinho. No entanto, na Antiguidade, essa característica fez o sucesso dos vinhos gregos.

Os Romanos, os maiores produtores de vinho de sua época, cobriram de vinhedos quase todo o território do Império. Suas conquistas foram bélicas e a introdução da videira mesmo em terras onde já existia, não foi com fins comerciais, mas com a intenção de perpetuar-se no domínio das regiões ocupadas. Para a conservação do vinho usavam muita "terra cotta" (barro cozido) em forma de ânforas, guardadas em adegas subterrâneas, ou enterradas, ou debaixo dos telhados. Mais tarde vieram as pipas de madeira das quais foram os inventores. Gregos e Romanos já separavam as uvas por cepa de modo que, quando chegavam aos lagares ou adegas, podiam escolher que tipo de vinho produzir. Os Gregos deixaram uma herança de cepas bem aclimatadas em zonas propícias para o seu cultivo. A lenda nos diz que Diosínio em seu eterno peregrinar, ao tornar-se Bacus em terra itálica, escolheu a Campania, então chamada de Campania Felix, como a melhor terra para o cultivo da videira. Não só a Campania, mas toda a península italiana por sua característica posição geográfica era a terra ideal para este tipo de cultura. Foi justamente neste País que os Gregos, em suas pacíficas conquistas, fundaram suas colônias que chamaram de Magna Grécia, tornando-as importantes centros comerciais e culturais. Aqui a técnica de vinificação desenvolveu-se com mais rapidez e posteriormente os Romanos vieram a ser, como já foi dito, os maiores produtores do mundo então conhecido. Embora fossem os melhores produtores de sua época, eram péssimos bebedores, ou melhor, podemos dizer que seus gostos eram bem diferentes dos nossos. Os vinhos deles, velhos de até trinta anos, guardados em lugares considerados hoje pelo menos como estranhos, ficavam amargos e avinagrados a tal ponto que, para torná-los potáveis, os diluíam com mel, água, água do mar, neve e quem sabe lá com que outras coisas mais.

Cada país produtor segue suas normas e práticas particulares que dependem de suas próprias tradições, convicções, gostos e fantasias de seus próprios manipuladores que hoje são chamados de ENÓLOGOS. Ninguém usa mais o sistema dos velhos tempos, mas todos, alguns mais outros menos, tratam de conciliar os últimos inventos tecnológicos com as exigências do mercado interno e externo. A vinificação dos Gregos e dos Romanos era muito mais simples e os materiais usados eram: a pedra, o barro cozido e mais tarde a madeira. Embora na época do Império existissem as garrafas de vidro, estas não eram usadas para o engarrafamento. Para esta operação usavam as ânforas. Os materiais em uso atualmente são, em parte ou totalmente, a madeira, o aço inox, o ferro pintado com epóxi, o cimento e/ou a fibra de vidro e por último o vidro. O processo é mais ou menos o mesmo para todos, mas variam os tempos de lavoração, as temperaturas usadas e mais alguns pequenos detalhes que são mantidos em segredo pelos enólogos.

O constante controle das uvas em via de amadurecimento faz com que o enólogo decida quando chegou o momento certo de dar início à vindima. Esse trabalho deve ser muito rápido e as uvas colhidas racionalmente, dependendo do uso específico que o enólogo fará delas. As uvas destinadas a produzir vinhos tintos, devem estar em seu ponto ótimo de maturação; ao contrário das brancas, melhor que sejam colhidas um pouco antes de sua total maturação para que os vinhos com elas produzidos possam manter o frescor e o aroma frutado e a boa acidez, que são justamente as características dos vinhos brancos. O que vale para os vinhos brancos, ou seja, suas particulares características positivas, apareceriam como defeitos nos vinhos tintos. Quando as uvas, brancas ou tintas, não chegam ao justo ponto de maturação por adversas condições metereológicas, para salvar a colheita é usada a "chaptalização" ou adição de açúcar de cana no mosto. Isto nos países onde a legislação permite. E se faz para suprir os açúcares naturais da uva sem, porém, prejudicar o resultado e a qualidade, embora muitos consumidores menos esclarecidos acham essa prática uma manipulação artificial e fraudulenta. Na França é uma operação legalmente permitida, dependendo do ano; ao contrário da Itália, onde é proibida, mas que permite a adição de mosto concentrado.

A uva colhida chega na adega em caixas plásticas especialmente feitas para evitar que, quando empilhadas, o fundo das de cima não tenha o contato direto com a uva contida nas de baixo. Isto evita que a uva seja esmagada e possa iniciar uma precoce fermentação alcoólica seguida de fermentação acética. Depois de pesadas e separadas por tipo, as uvas são despejadas na desengaçadeira que separa os engaços dos bagos e empurra esses últimos para dentro de uma outra máquina chamada prensa, que se encarrega de romper os bagos sem esmagá-los. Uma prensagem leve feita com suavidade permite que a polpa se liberte produzindo vinhos com menos cor, poucos tânicos e decididamente mais harmônicos. Uma prensagem enérgica que chegue a esmagar os bagos e as grainhas (sementes), produzirá vinhos altamente tânicos, mais ricos em cor, mas desarmônicos. Considerando a prensagem leve, que é aquela que normalmente se usa, o suco liberado é enviado por gravidade ou bombeado aos tanques de fermentação. Dependendo da técnica a ser usada e do tipo de vinho a ser produzido, todos os enólogos seguem aparentemente o mesmo caminho, mas cada um aplica secretamente a sua particular variante.

Se o vinho será branco, mas feito com uvas tintas, será usada somente a polpa; serão admitidas as cascas se as uvas forem brancas. Assim, sendo de uvas tintas, sairá o vinho *"blanc de noir"*, e de uvas brancas, o *"blanc de blanc"*. Se os vinhos serão tintos, feitos com uvas tintas ou com tintas e brancas, deverão alcançar, com o tempo, uma determinada cor com nuances que irão inicialmente de um vermelho violáceo ao rubi, ao grená, todos mais ou menos intensos conforme as uvas e a vontade do enólogo. Para tingir os vinhos tintos é indispensável, durante a fermentação, a presença das cascas pelo simples fato dos pigmentos corantes residirem nas cascas ou pele dos bagos. Disse indispensável, mas essa palavra pode não ser tomada em seu significado literal, porque para dar ao vinho sua cor natural, existe outro processo mais sofisticado. Consiste em extrair depois de ter separado a casca da polpa, a cor da pele dos bagos e posteriormente distribuí-la no mosto na quantidade suficiente para dar ao vinho a tonalidade desejada. Como é possível intensificar a cor de um vinho, também é possível descolorá-lo. O processo se dá usando o chamado carvão descorante. Na verdade é pouco aconselhável, mas é bastante usado em certos vinhos brancos para eliminar a cor fortemente amarela que daria a impressão de oxidado. O grande inconveniente dessa substância é que se apresenta como um pó muito fino, demorado para decantar e de difícil eliminação. Por este motivo, quando usado, é misturado com a bentonite e a filtragem é feita com filtros que usam farinha fóssil.

Todo o suco extraído da prensagem, com ou sem casca, é enviado aos tanques de fermentação que em nossos dias são de madeira (pouquíssimos) ou de cimento (poucos) ou de aço inox (a grande maioria). Na atualidade, durante a vinificação a madeira é muito pouco usada porque a enologia moderna preocupa-se em seguir o gosto dos consumidores.

Depois dos tanques de cimento ou aço inox, o vinho continua sua formação em menores recipientes ou pequenos barris de carvalho da Eslovênia ou carvalho Allier francês, dependendo da decisão do enólogo. De qualquer forma há uma constante preocupação do Enólogo em evitar o contato com as velhas tinas de madeira para impedir que transmitam ao vinho o excesso de taninos indesejáveis, resinas e outros elementos que a compõem e que tornariam o vinho mais duro, de um gosto carregado que os consumidores não aceitariam mais. Não por isso a madeira é totalmente excluída no processo de vinificação, mas antes de falar da vinificação tradicional, aquela com a qual geralmente se fazem os vinhos bons ou não, é importante saber que os franceses, usando uva Gamay passaram a praticar um diferente processo de vinificação que podia produzir um vinho a ser bebido imediatamente após a fermentação, mas não além do terceiro mês do seu engarrafamento.

A história é singular e mundialmente pouco conhecida pela grande maioria dos curiosos e dos consumidores amantes desse vinho. Foi depois da Segunda Guerra Mundial. Os produtores de Beaujolais feito com uva Gamay encontravam sérias dificuldades na comercialização do produto, pelas suas peculiares características. Usaram então Paris que, no imediato pós-guerra, tornou-se a vitrine do mundo. De lá começou o escoamento da safra, mas o grande acontecimento, num flash de verdadeira genialidade, foi uma idéia que resultou no maior sucesso mundial de marketing dos últimos cinquenta anos. Inventaram o "Beaujolais Nouveau" que pode ser bebido contemporaneamente na França, e no mundo inteiro no mesmo dia e na mesma hora, apenas poucos dias após a colheita da uva. Sem entrar em detalhes técnicos, sabe-se que o procedimento não é o tradicional, mas é usada a maceração carbônica sobre a qual falaremos nos próximos capítulos. Mais que um vinho de qualidade, bebe-se uma novidade que faz parte da comemoração de uma data inventada (a terceira quinta-feira de novembro é a data escolhida) como se aquele dia fosse uma espécie de um inexistente aniversário mundial. Para uma pequena minoria, que deve ser respeitada, é um vinho muito bom; para a grande maioria, não. Reconhecendo e respeitando a genuinidade do produto, a nosso ver, o *Beaujolais Nouveau* é um vinho incompleto. Mesmo não sendo "nouveau", também nas suas outras classes, jamais poderá alcançar o nível de seus primos da Bourgogne, ou Bordeaux, ou mesmo da Côte du Rhone.

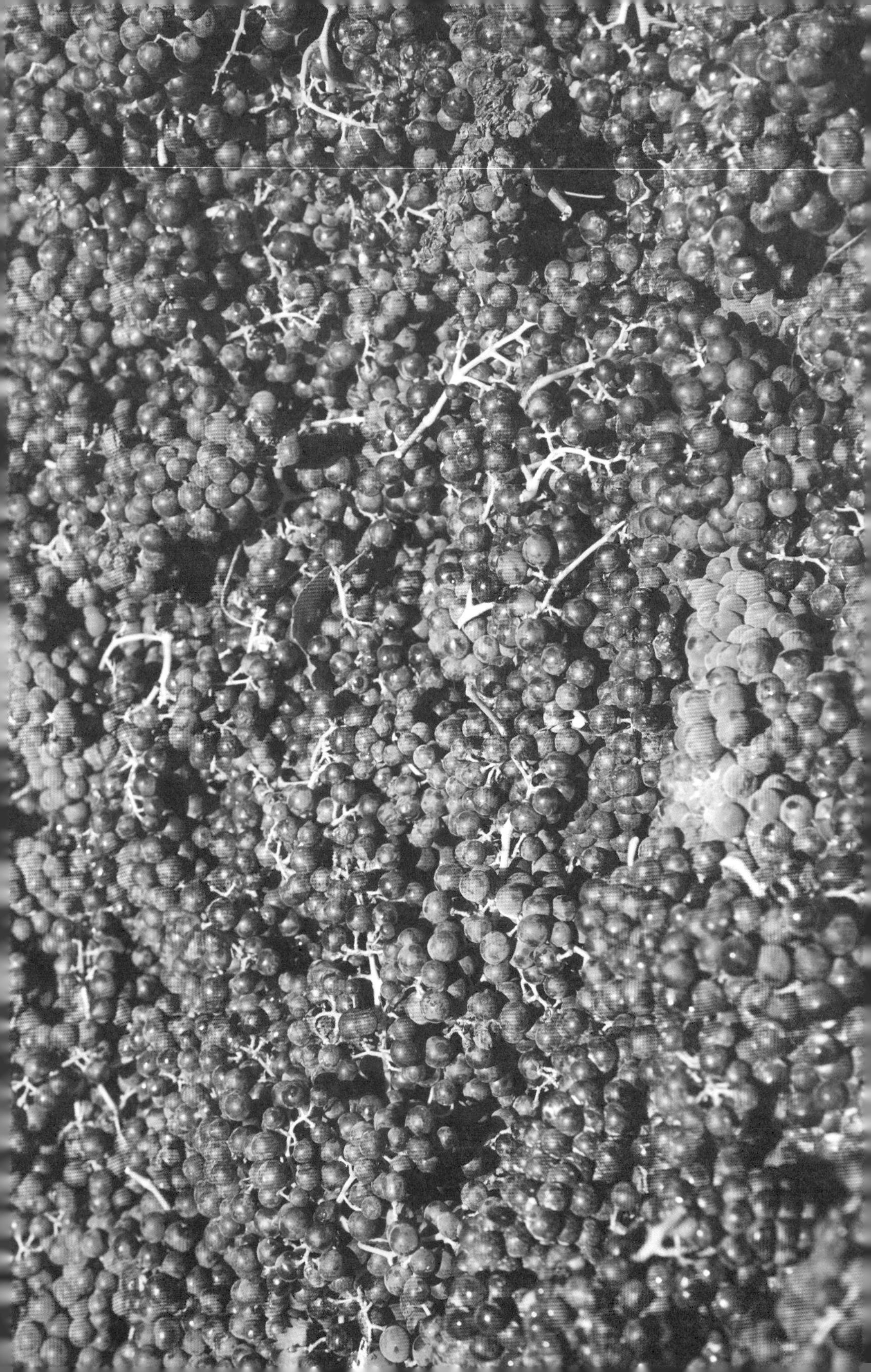

CAPÍTULO IV
A FERMENTAÇÃO TUMULTUOSA E O ENÓLOGO

Até agora o homem interveio diretamente no processo de vinificação julgando o grau de maturação das uvas: quando colher, que tipo de vinho fazer, usar ou não as cascas, etc.; mas, até quando ele intervirá na preparação do vinho? A sua presença ativa permanecerá até o fim, até o engarrafamento.

Depois que as uvas forem colhidas, escolhidas, pesadas e os cachos desengaçados, depois que as prensas fizerem seu trabalho, a massa açucarada é enviada aos tanques de fermentação. Inicia-se então uma outra fase, muito importante que é justamente a fase durante a qual acontecem as maiores transformações químicas. Trata-se da fermentação alcoólica tumultuosa, regulada e controlada pelo enólogo com o auxílio de seu relógio. Como um juiz que dá início a um jogo de futebol, o enólogo marca o início da fermentação tendo estabelecido anteriormente o tempo exato de duração desta fase. A fermentação pode ser interrompida a qualquer momento ou prolongada além do tempo natural. Porém, qualquer que seja o tempo estabelecido, quando terminar, o enólogo terá em suas mãos um vinho ainda não completo, mas que se tornará um vinho a ser bebido jovem ou quando for maduro ou um grande vinho se for envelhecido. Tudo depende da matéria-prima usada e dos planos do enólogo.

Uma vez nos tanques, o mosto começa a borbulhar e tende a aumentar o seu volume. O borbulhar é provocado pela ação das leveduras naturais que os bagos levam consigo desde o vinhedo. Estes microorganismos estão alojados na pruína que é aquela espécie de pó parecido com uma película esbranquiçada envolvendo os bagos e tem a textura de uma cera.

Se as leveduras naturais não são suficientes para dar início à fermentação e conseqüentemente transformar o açúcar da uva em álcool, são acionadas outras leveduras da mesma espécie para fazer com que o primeiro ciclo de fermentação se complete.

A partir do início da fermentação até o engarrafamento será uma longa jornada a ser vivida, ficando o enólogo em contínua e total vigília para que tudo siga sem acidentes de percurso, visando alcançar o objetivo por ele prefixado muitas vezes desde o início do ciclo vegetativo da videira. É praticamente quase um ano solar de um trabalho meticuloso, cansativo que dá o resultado definitivo quando o vinho está pronto para entrar na garrafa.

Se o mosto for deixado à mercê da própria natureza, pode acontecer pequenos ou grandes acidentes, todos indesejáveis.

A massa do mosto fermentando tumultuosamente aumenta de volume por causa do gás carbônico ($CO2$) produzido; e a temperatura do mosto se elevada demais (acima de 30°C) e pode provocar um aumento excessivo da massa; mas se a temperatura for muito baixa (menos de 15°C) prejudicará a estrutura do vinho e interromper a fermentação. O tempo para a fermentação de um vinho normal é de oito a quinze dias; mas há vinhos especiais cuja fermentação requer um tempo mais longo que pode chegar a 90 dias. Neste caso o controle da temperatura torna-se sumamente importante.

Durante o processo de fermentação as partes sólidas do mosto (cascas, etc.) sobem à superfície formando um espesso estrato que abafa o mosto e provoca um natural aumento da temperatura e de volume. Inflando-se, a massa do mosto tende a transbordar com conseqüente perda de líquido, e para evitar este inconveniente, uma ou duas vezes ao dia, é praticada a remontagem, que consiste em transferir o líquido do fundo do tanque para cima com a finalidade de baixar o "chapéu", evitando o transbordamento.

A temperatura é facilmente controlada mecanicamente e o tempo de fermentação também. Por todo esse conjunto de coisas, é fácil deduzir que a presença do Enólogo torna-se indispensável.

Os antigos, não conhecendo a tecnologia moderna, deixavam que a própria natureza fizesse seu trabalho naturalmente, só intervindo posteriormente para modificar a qualidade do vinho, adaptando-a aos gostos dos consumidores. Atualmente a intervenção acontece não só depois, mas principalmente durante o período em que o vinho está sendo feito. Durante minhas viagens visitando inúmeras adegas, assistindo a vinificações, trasfegas, engarrafamentos em diferentes adegas e distantes entre si, tenho presenciado procedimentos os mais diferentes e variados, com técnicas e princípios aparentemente contrastantes. Um leigo poderia ser facilmente levado a desistir de entender essas conflitantes teorias e processos práticos que, de certo modo, são todas válidas, embora pessoalmente não as considere no mesmo plano e valor.

Todos estes doutores em enologia seguem, cada um, um pessoal e lógico raciocínio que os leva a um resultado positivo e que os tranquiliza, porque cada um visa seus naturais interesses comerciais possivelmente mantendo-se à frente dos concorrentes para não perder a velocidade do mundo atual. Pela verdade o Enólogo age com maior velocidade encurtando os tempos no limite do possível, para atender à pressão do produtor que mira, em muitos casos, os negócios em lugar da qualidade. Evidentemente não é esta uma praxe generalizada, mas é um procedimento discretamente amplo. O ortodoxo também procede às suas pequenas e inevitáveis alterações dos mostos antes e dos vinhos depois, mas de modo respeitoso. Respeita os limites ditados pelas descobertas técnicas, permanecendo dentro dos limites de tolerância e acima de tudo acompanha o tempo, nunca indo na contramão dele.

Sabe que poderia mudar sua prática que lhe custa tempo, mas não o faz por orgulho ou dignidade ou também por vaidade, na esperança de recuperar o tempo aparentemente perdido, obtendo uma produção de melhor qualidade que compensará o sacrifício e lhe permitirá colocar seu vinho entre os melhores e, evidentemente, com um preço mais alto. São ainda em bom número esses homens que honrando sua profissão oferecem o melhor da enologia; mas a pressão dos mercados, dos próprios produtores, a mutante economia mundial, é altamente forte tanto que os vinhos de média qualidade continuam aparecendo em porcentagem maior que os considerados top de linha.

33
HL25

CHIANTI
RUFINA
06
17/8/07

CAPÍTULO V

A VINIFICAÇÃO E O TRATAMENTO DO VINHO

O mosto pára de fermentar tumultuosamente ou pela mão do enólogo ou por ter exaurido todos os seus açúcares, transformando-os em álcool, anidrido carbônico e glicerina.

Considera-se o vinho feito, mas ainda não pronto. Por pronto entende-se um vinho idôneo para ser consumido. É preciso continuar trabalhando-o para dar-lhe uma estrutura, uma personalidade própria para que possa brilhar em sua classe.

Quando um enólogo apressa-se a vinificar, não pensa em fazer um único tipo de vinho, mas independentemente de sua vontade os diferentes tipos de uva que receberá, o obrigarão a diversificar seu delicado trabalho. Ele é como um treinador de pugilismo que em sua academia prepara seus atletas conforme as características pessoais de cada um, e separando-os por peso. A cada um dará um tratamento específico para que, dentro dos limites de cada categoria, possam tornar-se os melhores. Com o vinho acontece o mesmo. Os tempos e as temperaturas serão diferentes para cada tipo de vinho. Quando a fermentação tumultuosa termina, artificial ou naturalmente, é extraído o vinho ainda cheio de impurezas em suspensão, com uma pesada carga de taninos, e é transferido para outros recipientes onde continuará a fermentar lentamente por várias semanas, até que todos os açúcares tenham se transformado em álcool, glicerina, CO_2 e outros derivados.

É durante este período, o da fermentação lenta, que o vinho adquire as características pessoais impostas pelo enólogo. Durante as trasfegas às quais o submeterá, poderá transferi-lo para diferentes recipientes de diferentes materiais e aí vêm os seus conhecimentos profissionais e suas convicções teóricas aplicadas na prática. Ele poderá ter à disposição grandes tonéis de carvalho franceses, americanos ou da Eslovênia, ou ainda grandes tanques de cimento, de aço inox ou de fibra de vidro ou, ainda, as tão preferidas barricas de carvalho novo com capacidade de 225 ou 400 litros, que custam mais de 1.200 dólares a unidade.

Os produtores mais ricos e mais exigentes usam somente barricas novas uma ou duas vezes no máximo; outros só utilizam as usadas. É óbvio que os resultados serão diferentes incidindo diretamente sobre a qualidade, o gosto e o preço do vinho.

Dependendo dos materiais usados e da permanência neles, os vinhos sairão mais ou menos coloridos, tânicos ou encorpados, com potencial para uma vida mais longa ou para serem consumidos em jovem idade. Além de produzir um produto que valoriza seu profissionalismo, o enólogo trabalha também para ir ao encontro das exigências do mercado.

Quando fui iniciado no consumo do vinho, pelo meu avô Attilio, devia ter 8 ou 9 anos de idade, ele começou a por no meu copo de água umas gotas de vinho tinto transformando a água numa bebida de um desbotadíssimo cor-de-rosa. Com o passar do tempo, a cor tornava-se sempre mais escura procurando a cor rubi, até que um dia a água desapareceu e eu devia estar com uns 14 anos. Aquele vinho me parecia muito forte, mas nunca mais deixei de prestigiá-lo. Era, aquele vinho especificamente, um Chianti das Colline Pistoiesi sem rótulo, produção própria do meu Nonno. Parecia-me forte porque sua gradação alcoólica superava os 12°pv e bastante tânico em conseqüência da presença dos engaços, peles e grainhas no mosto. Contudo, era um vinho para ser consumido jovem. Lembro-me bem da cor que não era como a do Chianti atual. Era bem mais escura e o vinho mais encorpado. Era o que os consumidores da época gostavam.

Para que você, leitor, não seja levado a crer que já naquela época e também alguns anos mais tarde, eu entendesse de vinho, quero esclarecer que essas observações são de tempos mais recentes, confrontando os Chianti modernos com as minhas lembranças. Nos dias atuais o vinho do meu Nonno não seria bem recebido no mercado, mas naqueles tempos não havia tanques de cimento e muito menos de aço inox, e as poucas barricas não eram usadas para fazer vinhos comuns.

No fim da década de 30 surgiram numerosos tanques de cimento e com o fim da Segunda Guerra Mundial chegaram os de aço inox e de outros materiais.

Usando esses materiais é que o enólogo moderno faz o vinho moderno para o consumidor moderno que ao longo dos tempos sempre mudou seus gostos, influenciado pela tecnologia que lhe proporciona novos recursos e que lhe faz involuntariamente mudar os hábitos.

Durante a permanência do vinho mais ou menos longa nesses recipientes, acontece uma segunda fermentação chamada de malo-lática que transforma o ácido málico em ácido lático, tornando o vinho menos ácido, mais macio e agradável. Após esta nova fase o vinho está praticamente pronto, faltam-lhe os últimos retoques: o acabamento.

Se tivéssemos a certeza de poder vinificar sempre uvas perfeitamente sãs, o processo de vinificação não sofreria nenhuma intervenção extra; mas como as uvas apresentam sempre defeitos, todos os produtores do mundo intervêm no processo de vinificação, iniciando na primeira fase, quando tem início a fermentação.

Não é segredo para ninguém que para não perder a safra ou parte dela, na agricultura em geral são utilizados em larga escala os agrotóxicos, os herbicidas e outros anti-parasitas que, para eliminar todos os insetos nocivos às plantas, eliminam toda forma de vida existente, tornando os vinhedos um deserto de vida biológica. As leveduras naturais são reduzidas ao mínimo, insuficientes para fazer decolar espontaneamente a fermentação. Eis então a segunda intervenção: adicionar ao mosto leveduras selecionadas específicas para cada tipo de uva, para dar início à fermentação. Em seguida adiciona-se ao mosto e ao vinho, anidrido sulfuroso (metabisulfito de potássio) e sulfito de cálcio. São essas substâncias medicamentos preventivos contra eventuais danos das oxidações.

Os primeiros testes gustativos são feitos pelo enólogo, que providencia a correção do mosto antes e do vinho depois, se estes apresentarem defeitos, efetuando aquilo que eu chamo de "maquiagem". Nesta prática os franceses foram os primeiros (como sempre) e se tornaram os melhores do mundo. Os italianos acordaram bem depois (como sempre) e mais tarde, o resto do mundo. Deixo bem claro que os produtos usados não contêm nenhum veneno e fazem parte do "maquiador". Imaginem uma bela modelo, ela já é linda naturalmente, mas depois de ter passado por um habilidoso maquiador para o desfile, aparecerá muito mais bonita, embora sua beleza seja em parte artificial.

Vários materiais auxiliam o enólogo nessa tarefa que tem apenas a delicada finalidade de tornar o vinho o mais equilibrado possível em toda a sua complexidade.

Além dos produtos acima mencionados são usados:

B1-ENOCLAR *para clarificar vinhos brancos enturvados;*

RO-ENOCLAR *para clarificar vinhos tintos enturvados;*

ENOLITE *que é uma farinha fóssil para clarificar vinhos doces enturvados;*

***ÁCIDO TARTÁRICO** e o **ÁCIDO CÍTRICO** que são facilmente solúveis no vinho, vem sendo utilizados para aumentar a acidez fixa quando essa é baixa;*

***CARBONATO DE CÁLCIO** ou o **BICARBONATO DE POTÁSSIO** ou o **TARTRATO NEUTRO DE POTÁSSIO** para diminuir a acidez fixa quando é demais elevada.*

O tanino que com sua presença garante a saúde do vinho, nem sempre existe, naturalmente, em quantidade certa. Quando é pouco, em geral o vinho é turvo e fraco, então é adicionado tanino fino para lhe dar equilíbrio e clarificá-lo. Ao contrário, se o vinho é demais adstringente, é porque há tanino em excesso. Neste caso se providencia a sua diminuição usando gelatina e ou bentonite granular.

Para ocasionais defeitos de cheiro como o mofo ou a borra, são usados o carvão desodorante ou óleo de vaselina enológico.

Para evitar a oxidação é usada uma mistura de nitrogênio e CO_2.

Atualmente ninguém dispensa o uso de conservantes, que não são absolutamente nocivos ao vinho e que, ao contrário, têm uma ação preventiva contra o desenvolvimento de muitas doenças que podem, estas sim, afetar e destruir o vinho.

Todas estas substâncias químicas e naturais, embora muitos não acreditem, são a saúde dos vinhos modernos defeituosos ou com tendência a ser. Elas não interferem na sua estrutura, ou em sua cor, ou em seu gosto. Essa maquiagem ou correção é bastante custosa e tem que ser executada por profissionais competentes, pois se o trabalho não for bem executado o vinho poderá tornar-se imbebível. A prática da correção dos vinhos não é uma prática dos nossos tempos, é bem antiga, milenar. Gregos e Romanos, que bebiam vinhos defeituosos por natureza e decrépitos por má conservação, tentavam corrigi-los com o que tinham à disposição: água, água salgada ou do mar, neve, mel, incenso e quem sabe quantas e quais outras substâncias. A nossa vantagem sobre esses povos é que a química descobriu elementos efetivamente eficazes para a correção do produto ao qual são aplicados. Eu disse "nossa vantagem", mas será mesmo uma vantagem a manipulação desse tipo? Até aqui parece tudo bem, mas não sabemos ao certo se alguns produtores se limitam a isto ou, sempre com o auxílio da química, poderão transformar a água em vinho, ou multiplicar sua quantidade, ou alterar sua estrutura. Essa ressalva é para esclarecer que atualmente é fácil aumentar a gradação alcoólica de um vinho adicionando simplesmente certa quantidade de álcool etílico. É esta uma manipulação delicada e perigosa que pode levar até à morte o consumidor, como já aconteceu.

A execução da limpeza do vinho livrando-o de todas suas impurezas é feita de várias maneiras seguindo as sugestões do enólogo que poderá optar pelos meios naturais ou por algo mais sofisticado. A clarificação mais barata, mas também a mais lenta é a clarificação por decantação: o vinho é deixado tranqüilo em seu recipiente e por gravidade todas as impurezas vão depositar-se no fundo. É um sistema que não garante uma limpeza 100%, mas é o mais barato de todos. Outros métodos são: o uso da bentonite, da clara de ovo (o mais caro), a cola de peixe e por último a filtragem. Estes produtos se comportam de forma similar, agindo como um ímã que atrai as impurezas suspensas formando flocos, e quando esses alcançam um peso que o líquido não pode suportar, precipitam no fundo deixando o vinho límpido. Para melhorar a limpeza, é mesclada ao vinho a farinha fóssil que é o produto da moedura de restos fósseis de grandes jazidas marítimas. A farinha fóssil forma uma rede finíssima, através da qual passa o vinho que está sendo filtrado deixando precipitar todas as impurezas existentes. Esta operação é considerada a mais eficaz, mas dependendo do tipo de filtro e de como é usado, às vezes pode alterar a estrutura do vinho.

Para o amadurecimento, o vinho necessita de algo particular que é a matéria com a qual são feitos os vasos que vão recebê-lo e o lugar onde estes são guardados. Depois que os Romanos abandonaram as ânforas para guardar o vinho e passaram a usar as pipas de madeira, o mundo inteiro usou até recentemente as grandes pipas para guardar, amadurecer e envelhecer o vinho, quase ignorando o vidro. Recentemente o uso das grandes pipas caiu muito por ser constatado que com um longo período de tempo a madeira transmite ao vinho elementos desagradáveis, nocivos à sua estrutura, deteriorando a qualidade e provocando uma oxidação excessiva. Na fase de amadurecimento são usadas as barriques de carvalho novo que permite ao vinho adquirir os aromas terciários mais rapidamente e lhe transmite um agradável sabor de madeira que contribui para acentuar a complexidade de seu buquê. Os americanos usam um carvalho nativo da Califórnia que tem um perfume forte e particular, que caracteriza o vinho norte-americano.

O tempo de permanência do vinho nas barriques é privilégio exclusivo da vontade e sabedoria do enólogo em função do tipo de vinho que quer produzir, mas que vai geralmente de um mínimo de poucos meses a um máximo de mais ou menos dois anos. Depois de ter estacionado nas barriques, no período definido pelo enólogo, o vinho passará para as garrafas onde se afina e completa seu aprimoramento.

O uso da madeira e seu contato com o vinho é ponto muito discutido chegando a ser polêmico entre os enólogos de todo o mundo. Cada um tem o segredo da fórmula vencedora e cada um a usa a seu prazer e contento. Os últimos grandes aficionados da madeira são os espanhóis e os chilenos.

Tudo o que foi dito vale para os vinhos tintos que, para adquirir estrutura, sabor e cor estável, devem passar de um aroma frutado, para outro mais complexo em virtude das reações químicas que acontecem espontaneamente durante sua criação.

Os vinhos brancos são produzidos de forma análoga, mas com particularidades diferentes. Em geral o mosto dos brancos é constituído da polpa dos bagos sendo ausentes os engaços e as cascas. Se é branco feito com uvas brancas pode conter também as cascas com a única pequena desvantagem de modificar ligeiramente a cor e a quantidade de tanino transmitida ao vinho. Estas são as boas maneiras de se fazer vinho branco, mas, como já disse, cada enólogo tem seu segredo vencedor e neste caso os segredos são relativos aos tempos de fermentação do mosto limpo ou com cascas. Não há muitas variantes quanto à temperatura de fermentação. Quase todos que gostam de vinho branco na cor amarela são da opinião que esta deve ser mantida nos 20°C. Uma temperatura mais alta pode oxidar o mosto e mais baixa pode facilmente prejudicar sua estrutura. Mesmo assim há o que vinifique com temperaturas mais baixas e outro que confiam na natureza, que nem sempre devolve a confiança.

As cores do vinho branco vão do branco papel ao amarelo dourado e essas nuances podem ser obtidas durante a manipulação das uvas e dos vinhos. Um branco feito de pura polpa com temperatura controlada e em perfeita ausência de oxigênio, terá uma cor amarelo-palha, bem claro e com reflexos esverdeados. Assim, conforme o conteúdo do mosto, de sua temperatura e da quantidade de ar presente, os vinhos brancos poderão ter várias tonalidades, como o deseja o enólogo. A cor pode influir na qualidade do vinho, mas não sempre. Para manter sua cor, seus aromas primários, seu gosto fresco geralmente frutado e ou floral, não deveriam passar pela madeira, mas há sempre alguém que prefere este caminho. Neste caso os vinhos resultarão mais amarelados e perderão um pouco de seus aromas primários, mas se tornarão mais longevos e de estrutura mais robusta.

Fazer vinho não é uma tarefa fácil, fazê-lo bem é menos fácil e fazer um vinho branco bem feito já é difícil. É suficiente uma pequena variação nos tempos de fermentação, nos materiais usados na composição do mosto ou durante a clarificação, para obter cores, perfumes e gostos diferentes. Seja qual for o caminho e a técnica escolhidos pelo enólogo, todos os vinhos deverão ser clarificados antes de serem engarrafados. Quanto mais transparente e brilhante um branco aparece, tanto mais será apreciado pelo consumidor que fatalmente será atraído pelo visual.

Além do método tradicional descrito existem outros tipos de vinificação que são praticados para vinhos particulares, ou melhor, para vinhos a serem consumidos muito jovens e cujas uvas tenham sido colhidas algumas semanas antes do consumo. São um exemplo os Beaujolais Nouveaux e os Novelli, para os quais é praticada na vinificação a maceração carbônica, da qual já falamos.

A grande vantagem deste tipo de vinificação é que se extrai maior quantidade dos aromas primários, mas o grande inconveniente é que não dá ao vinho aquela estrutura necessária para maturar e envelhecer. O método deriva do fato de colocar cuidadosamente dentro de uma cuba de fermentação, hermeticamente fechada, as uvas ainda inteiras sem os pedúnculos e sem serem prensadas. A seguir a cuba ficará saturada de anidrido carbônico. A fermentação não poderá efetuar-se em presença de oxigênio porque a fermentação intracelular acontecerá dentro de cada bago e neste intervalo metade do ácido málico terá desaparecido e o suco tomará cor. Após uma semana o oxigênio é deixado entrar na cuba e então as leveduras farão seu trabalho provocando a fermentação alcoólica.

Os vinhos produzidos com esta técnica têm grande intensidade, são muito frutados, de baixa acidez, mas idôneos para um rápido consumo, pois não progridem com a idade.

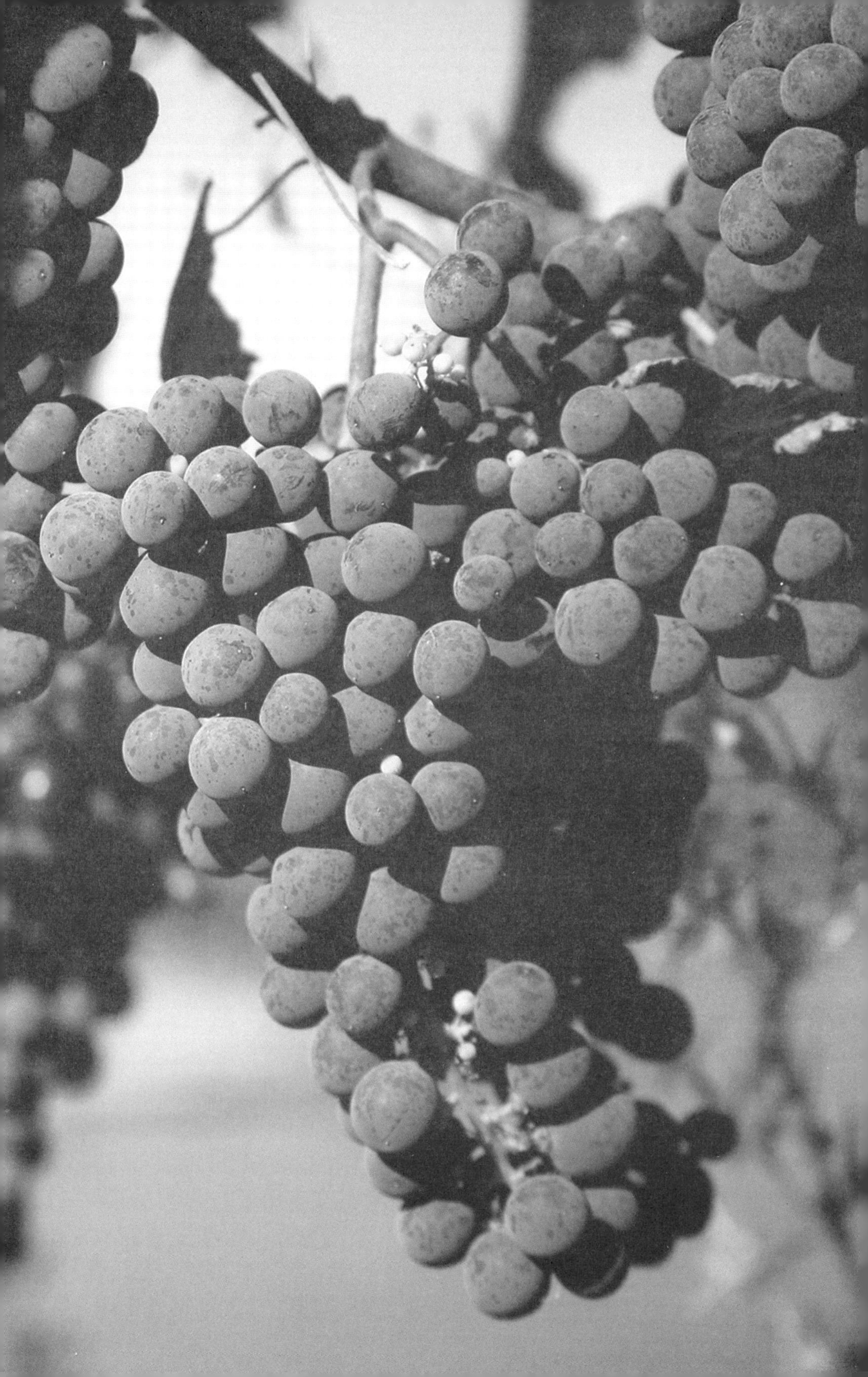

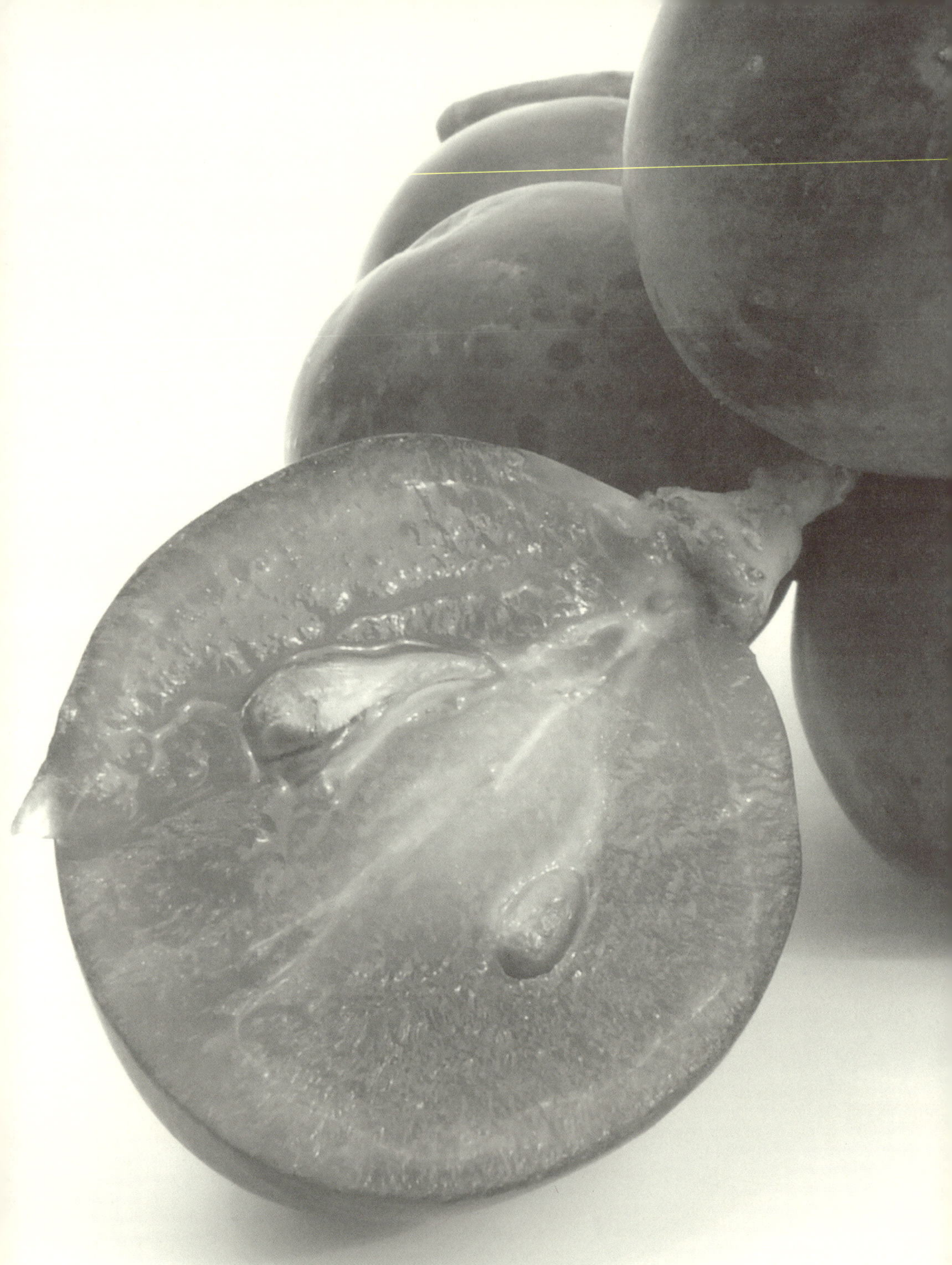

CAPÍTULO VI

AS TRASFEGAS E OS COMPONENTES DO VINHO

Antes de chegar a ser engarrafado, o vinho passa por alguns estágios de evolução controlados cuidadosamente pelo enólogo com o precioso auxílio do adegueiro. Do momento que termina a fermentação alcoólica, tem início uma viagem de purificação que para os tintos será mais longa do que para os brancos. Passará em recipientes novos deixando nos velhos uma grande quantidade de impurezas e será iniciada sua fermentação lenta. Novamente mudará de lugar, sucessivamente por três ou quatro vezes até que se torne perfeitamente tranqüilo e limpo. Um dos elementos que deve ser considerado atentamente e com cautela, que tem importância primordial no sucesso de um vinho, é a temperatura. Ela deve ser medida e mantida sob constante controle, desde o início da fermentação até a entrada na adega ou em outro lugar idôneo, até o momento de ser servido e finalmente degustado. Mesmo durante a singular e raríssima fermentação "acústica", durante a qual o barulho do mosto que ferve aumenta ou diminui, concomitantemente, também a temperatura aumenta ou diminui. É neste momento que o enólogo intervém agindo oportunamente para mantê-la entre os limites ótimos, visando manter as características do vinho que se propôs a fazer. Neste modo de vinificar tudo é empírico e muito provavelmente, aliás é quase certo, que o "enólogo" seja um simples vinhateiro.

Quando o mosto já vinho, após suas várias fermentações e trasfegas, ter-se tornado tranqüilo e clarificado, poderá ser engarrafado se será um vinho branco. Em se tratando de um tinto, este continuará sua evolução na tranqüilidade e penumbra das adegas até sua completa maturação. Será este um período de meses, um ano ou mais dependendo do tipo e qualidade do vinho. Entrando no vidro o vinho se afina e se torna mais delicado e, se for um tinto, completará o desenvolvimento final de seu buquê e de seus perfumes e aromas terciários, complexos e possantes.

Durante as trasfegas não é necessário que os recipientes que sucessivamente o recebem, sejam do mesmo material, aliás, quase sempre, são usados materiais diferentes, tais como a madeira, o cimento, o aço-inox etc.; e entre eles atualmente o preferido é o aço-inox. Os antigos vinhos criados exclusivamente na madeira (nas pipas de carvalho) não são mais tão apreciados como eram no passado. Eram vinhos mais "duros", com mais cor e tanino, ao contrário dos vinhos modernos que são mais leves, menos tânicos, têm mais frescor e são frutados. É claro que nem todos os vinhos são iguais ou similares aos últimos descritos, mas apenas para esclarecer que estes são os preferidos pela maioria dos consumidores atuais. Para chegar a este tipo de resultados, são usados tanques de aço-inox, de cimento, de fibra de vidro e, claro, também pipas ou barriques de carvalho, todos com tempos de permanência diferentes, inclusive o tempo em garrafa dentro da adega.

Para alguns tintos, embora tenham sido entregues ao mercado para o consumo, o tempo de afinamento continua. Os grandes vinhos de Bordeaux, os Brunello e alguns outros são postos em comércio após vários anos da colheita das uvas, mas estarão prontos para serem consumidos, pelo menos depois de três ou quatro lustros (cinco anos). Hug Jhonson diz que "...beber um *chateau* de dez anos, é como matar um embrião".

O vinho é periodicamente oferecido pelos produtores que a cada ano devem forçosamente vender sua produção ou boa parte dela, porque em primeiro lugar devem faturar e segundo porque a nova safra será próxima e ocupará o lugar da anterior dentro da própria adega de produção. Mas antes de escorregar no agradável terreno da compra e do consumo, é interessante conhecer os elementos que compõem o vinho.

Quando estamos servindo ou simplesmente estamos degustando um vinho, meditando ou pensando nas coisas boas da vida, me parece natural e conveniente conhecer sua composição e estrutura. Parece quase incrível, mas aquele líquido aparentemente inócuo, convidativo pelas nuances de suas cores, excitante pela variedade de seus perfumes, se tomado em quantidade conspícua, em condições impróprias, faz rodar a cabeça, tira o equilíbrio, desdobra a visão e ataca o estomago. É formado por 85 a 90% de água de vegetação e o restante de mais de outros 300 elementos, dos quais são conhecidos, até nossos dias, pouco mais de uma centena.

O bago da uva é o depósito natural do futuro vinho. Ele é composto da pele, da polpa e das grainhas. Na pele encontram-se matéria corante, matérias ácidas, minerais, azotadas, tanino e água.

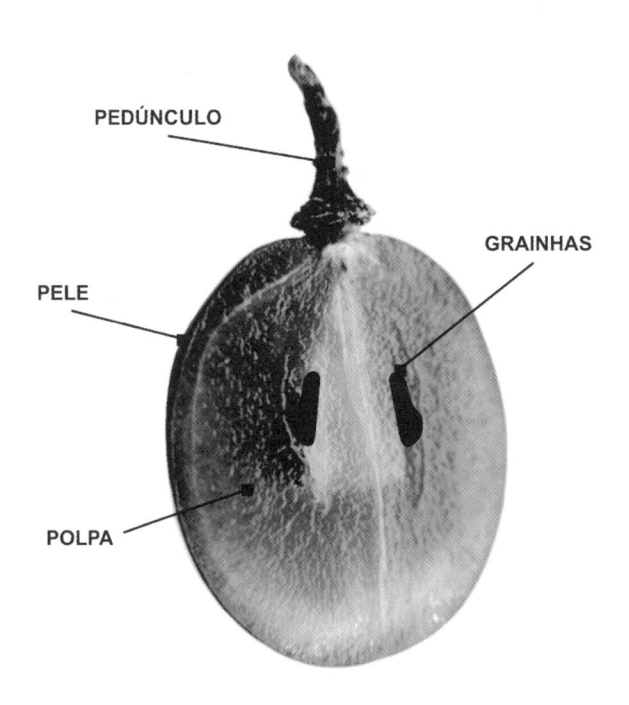

Na polpa estão os açúcares, água, ácidos orgânicos, substâncias minerais, pépticas e azotadas. As grainhas ou sementes contêm água, matérias gordas, taninos, ácidos, matérias azotadas, minerais e substâncias hidrocarbonadas.

Quando se inicia a vinificação, as uvas prensadas já enviadas aos tanques de fermentação, constituirão aquela massa informe e adocicada que contém obviamente todas aquelas substâncias encontradas nos bagos, mas que, durante a fermentação, algumas desaparecerão, outras se transformarão e outras ainda se formarão, vindo a constituir a estrutura do vinho.

O elemento com maior presença é a água e o restante é formado por um grande número de elementos dos quais, como já disse, uma boa parte ainda é desconhecida. Entre os que conhecemos há o álcool que se forma a partir do açúcar que praticamente desaparece transformando-se justamente em álcool, em anidrido carbônico e glicerina. A presença de açúcar no vinho existe e é certa quando se trata de vinhos especiais como os doces, os fortificados, os licorosos e os aromatizados. A presença de álcool em volume vai de 5,5 % a 18 %, aproximadamente.

Os ácidos orgânicos fixos são o tartárico, o málico, o cítrico que diminuem por precipitação ou, como o málico que, por uma sucessiva fermentação, transforma-se em ácido lático. O ácido sucínico forma-se durante a fermentação e é presente em menor quantidade nos vinhos brancos. O ácido acético, o fórmico, o propínico e outros, são ácidos orgânicos voláteis.

Os ácidos minerais são o clorídrico, o sulfúrico, o fosfórico, etc. presentes quase que totalmente sob a forma de sais neutros. Entre os sais ácidos há o bitartarato de potássio que é sujeito a precipitações e provém, como o tartarato de cálcio, do ácido tartárico. A glicerina, que se forma durante e fermentação, dá aos vinhos agradável maciez. Os aldeídos e éteres, que também aparecem durante a fermentação, aumentam com o envelhecimento e são responsáveis pelo buquê. A matéria corante dissolve-se durante a fermentação tingindo o vinho. As matérias minerais diminuem com o envelhecimento e as azotadas e pépticas diminuem no curso da fermentação.

São estes os componentes principais, conhecidos, entre todos aqueles que constituem a composição do vinho. É fácil, mesmo com essas poucas noções, observar que o vinho é um elemento vivo em contínuas reações químicas que o acompanharão até seus últimos dias, quando terá se tornado velho e então morrerá como bebida potável. Além dos elementos mencionados, o vinho possui muitos outros em pequeníssima escala que quase sempre não são mencionados, como por exemplo as vitaminas. Com o tempo, a temperatura e a umidade relativa da adega e os materiais dos recipientes, onde o vinho é guardado, desenvolvem uma longa série de aromas, perfumes, sabores que o homem tenta descobrir com as análises sensoriais detectando tudo o que seu olfato e paladar conseguem detectar.

Será este um bom argumento a ser tratado com carinho e no tempo oportuno.

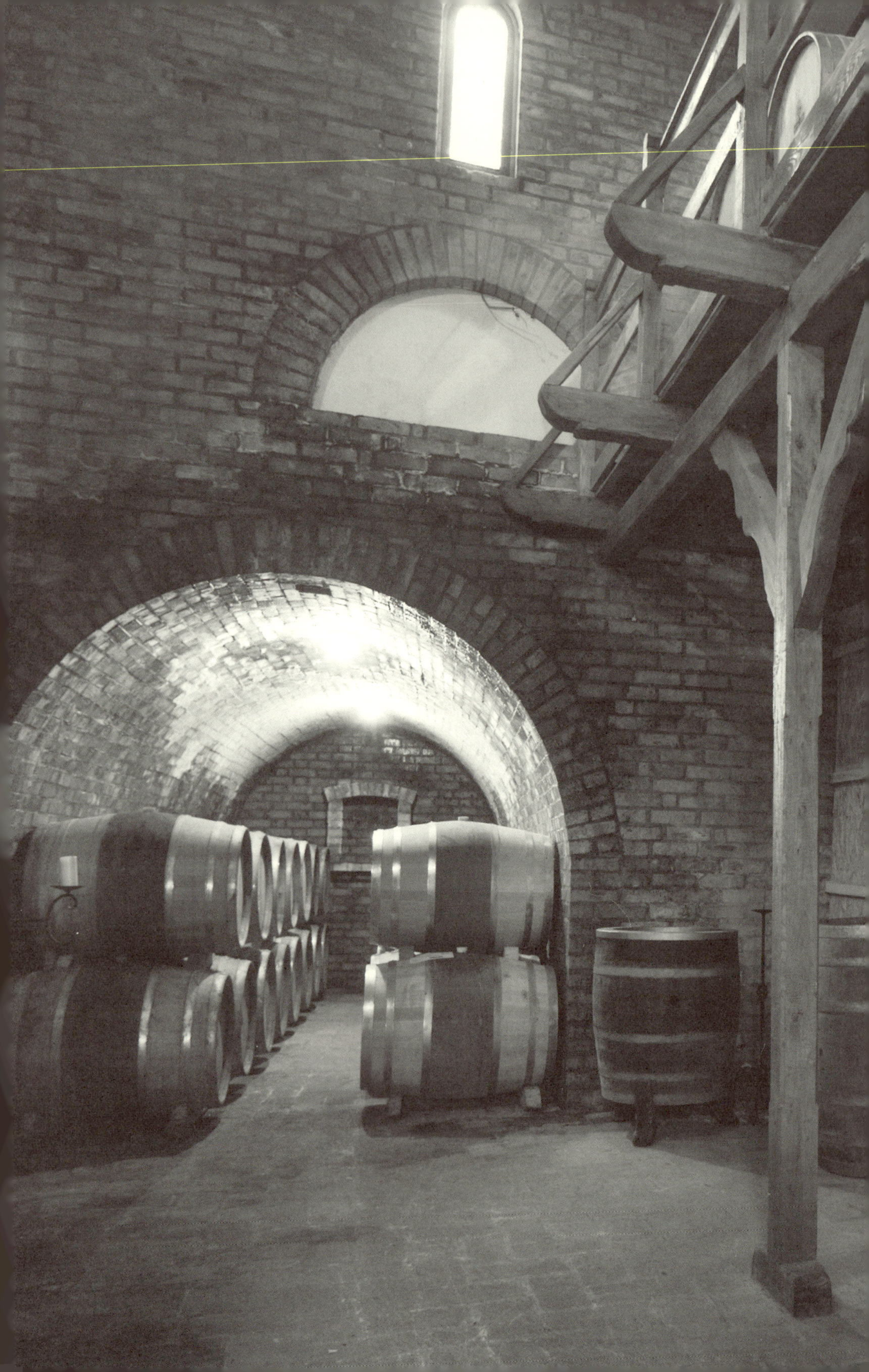

CAPÍTULO VII
O TEMPO, O HOMEM, O VINHO

Alguma vez, por acaso, alguém se perguntou como se chama este fenômeno natural da noite seguir o dia num revezamento sem fim, sem uma lógica aparente e até quando? O fenômeno foi chamado TEMPO. O tempo é aquele que nós, certos ou errados, medimos com uma máquina chamada relógio. Ela nos indica, a cada alternância do dia com a noite, a cada sinal que nos dá, a cada tic-tac de seus ponteiros, que o tempo, intocável e invisível, infinito como o universo, lenta mas inexoravelmente mede o comprimento de nossas vidas, numa contagem regressiva que termina, para cada um de nós, com nosso último respiro.

A nossa vida, a vida terrena do homem, é indissoluvelmente ligada ao transcorrer do tempo e como a do homem, também a do vinho que, por ser um elemento vivo, segue paralelamente o mesmo caminho. Exatamente como o homem, também o vinho passa por uma juventude, uma idade madura e uma velhice seguida, quando já decrépito, de seu inexorável fim.

Estas fases são medidas com o relógio que marca o tempo seguindo a mesma contagem que se faz da vida de todos nós seres humanos.

Apesar de o relógio marcar assiduamente o encurtar de nossas vidas, nos concede alguns raros momentos de alegria e de íntimo prazer. Sendo o homem um sonhador, ama se deixar transportar pela fantasia, meditando. Meditando por longos momentos em noites insones, escutando ironicamente com prazer o lento repicar das horas, por um relógio de um campanário distante ou na quieta penumbra de uma adega em companhia de um bom copo de vinho. Homem e vinho caminhando paralelamente e marcados pelo tempo.

O homem quando jovem tem um comportamento, vibrante dinâmico, diria quase frenético e agitado. Porém, com o passar do tempo adquire experiência e suas exuberâncias físicas vão diminuindo, seus ímpetos se moderando, dando lugar à sabedoria, usando a experiência até se colocar num patamar de alta formação, oferecendo o melhor de si. Mas o tempo em seu impiedoso transcorrer adverte que também essa fase ascendente alcançou o seu apogeu. Tende agora ao fim, mais ou menos rapidamente dependendo de sua estrutura física e dos desgastes sofridos anteriormente.

Serão homens longevos os poucos sábios que souberam mediar positivamente os acontecimentos ao longo de suas existências. São estes "os sumos sapiens", o melhor da raça humana, e que num dia fatal perderão toda essa sua sabedoria e eloquência, tendo chegado também ao fim. São dois percursos no tempo exatamente paralelos.

A juventude do homem ainda irrequieto é o vinho em formação que ainda borbulha nas tinas de fermentação. Depois do período turbulento, segue-se um longo estágio de desenvolvimento que o conduzirá à sua maturação, à sua plenitude que corresponderá à idade madura do homem. Com o transcorrer do tempo, como o homem, também o vinho, se não for aproveitado neste período, ficará decrépito e fatalmente se perderá. Entre todos sobreviverão aqueles que foram preparados para envelhecer longamente, que foram bem acondicionados durante seus anos de vida e são exatamente eles o melhor que nos oferece a enologia.

Vinhos nobres, grandes, austeros que infelizmente num fatídico quase trágico dia, quando terão chegado ao topo de sua parabólica vida, descerão rapidamente perdendo-se como qualquer mortal. Mas afinal, o vinho tem uma vida tranqüila ou atormentada? Pessoalmente me parece que no início de vida, durante sua gestação, é um tanto quanto tumultuada, mas depois é bastante tranqüila. Não ama muito viajar embora tenha-se revelado bastante resistente às longas viagens terrestres e agitadas travessias marítimas. Para seu próprio bem egoisticamente ama sua casa natal onde, confortavelmente acomodado, sente-se protegido e ao mesmo tempo amavelmente vigiado. É ali que desenvolve o máximo de sua força e personalidade, alcançando naturalmente a idade madura, estendendo sua longevidade no máximo que suas forças lhe consentem.

Não mais duro e ríspido, mas gentil e macio, como um verdadeiro gentleman, se me é permitido usar esse termo. Não ama a luminosidade, mantendo-se introvertido durante sua formação. Ama repousar num lugar de fresca penumbra, silencioso, ausente de barulho e ou trepidações, longe de maus cheiros, naquela atmosfera quase mística que só encontra no seu berço, que é a sua adega. É lá que evolui, despojando-se de todas suas impurezas, deixando-as cair como frutos podres, tornando-se límpido e brilhante.

Sua passagem da madeira para outros materiais e para o vidro é simplesmente como uma transferência de um quarto para outro melhor, dentro de sua mesma casa. A cada passagem, a que será submetido, se tornará cada vez mais refinado, delicado, embora mantenha sua força e com o tempo alcançará a austeridade dos sábios evoluídos, até que um dia, que se espera ser o melhor de sua vida, será chamado para sua prova final, a degustação.

Tudo o que acontece dentro das pipas ou das barriques ou nos grandes tanques de aço-inox e por último no vidro, são apenas transformações químicas que eliminam os maus componentes como as toxinas, deixando o vinho tinindo e brilhante como uma armadura de um cavaleiro medieval, pronto para sua investidura.

O vinho, como um puro sangue, para se tornar um campeão, jovem ou não, precisa de tempo, de cuidados particulares e de suas específicas acomodações.

Este é o critério do vinho em geral, sem levar em consideração os casos especiais que vão dos "novelli" italianos e os mais conhecidos "Beaujolais nouveaux", aos suaves, aos doces e licorosos, aos frisantes e aos sublimes champagnes. Todos esses vinhos querem terminar no copo do apreciador, embora os caminhos por eles empreendidos sejam diferentes, mas sempre obedecendo a uns postulados comuns.

Não quero falar de todos eles porque não considero necessário, mas logo mais contarei como se faz o champagne, considerado por muitos o rei dos vinhos, apesar de ter, como em todas as coisas, ferrenhos contestadores.

·27·

·26·

·25·

CAPÍTULO VIII
O JULGAMENTO DO VINHO

Quando o enólogo julgar que chegou a hora de o vinho deixar os grandes tanques de inox, as pipas, ou as barriques, para entrar em sua última moradia, efetua-se o engarrafamento. É esta uma operação puramente mecânica e totalmente automática. Dos grandes recipientes, o vinho é bombeado nas máquinas despejadoras e dosadoras do líquido que entrará nas garrafas, previamente esterilizadas e, quando cheias, arrolhadas, rotuladas e enviadas diretamente em lugar apropriado, onde permanecerão o tempo necessário para o afinamento do vinho antes de ser consumido.

No fim desta etapa estará pronto para enfrentar sua última prova. Se apresentará como um líquido alcoólico, colorido e potável, com uma estrutura bastante ampla e complexa formada por uma larga gama de elementos muitos dos quais, como já disse, ainda desconhecidos. As substâncias componentes da uva passam para o vinho, menos aquelas que desaparecerão, mais as novas que surgirão e as que se transformarão durante o longo e complicado ciclo de vinificação, como vimos anteriormente.

Depois de ter permanecido o justo tempo nas opulentas pipas, ou nas delicadas barriques, nas silenciosas e frescas adegas, terá formado o seu buquê. É este o conjunto de aromas e perfumes das uvas dos vinhedos, das flores de campo, transformando-os em perfumes mais possantes e complexos, que permanecerão aprisionados no vinho até o fatídico momento do desarrolhamento da garrafa submetendo o vinho à degustação.

Esta operação pode bem ser considerada a mais importante de cada colheita. E não tem nada de mecânico ou químico, nem serão usados microscópios e ou computadores. Será um julgamento baseado única e exclusivamente em três dos nossos cinco sentidos sensoriais. Por que? Será definida a prova mais importante? E que tipo de homem a executará? E, por fim, quais são os três sentidos? É a mais importante porque julga a qualidade de uma específica safra. Os sentidos são: a visão, o olfato e o paladar.

Teoricamente todos os homens e mulheres em geral podem ser degustadores, menos um. Para ser um degustador confiável, que possa julgar um vinho dando um juízo objetivo, sério e não viciado, é preciso ter um mínimo de requisitos fundamentais que normal e potencialmente todos possuem. São esses: boa memória, não ser daltônico, reagir aos cheiros reconhecendo-os e sentir o sabor. O único que não pode ser degustador confiável é o fumante. Quem fuma, nunca, de maneira absoluta, poderá expressar um julgamento que não seja deturpado pela nicotina do tabaco que acaba forrando a cavidade bucal, impedindo que os sabores e os aromas atinjam as partes sensíveis da boca e do nariz. Sobre isto não há discussão. Os fumantes poderão, é lógico, degustar quantos vinhos quiserem, mas seus juízos sairão fatalmente viciados. Todos os outros não dedicados ao fumo, são, potencialmente, melhores degustadores. É preciso ter uma sensibilidade mínima na língua, que é dada pelo número de papilas táteis lá alojadas. Quanto mais numerosas elas são, melhor será detectado o gosto. Outros pontos delicados são as vias respiratórias que devem estar desentupidas e ter boa conexão com a boca através do paladar "mole".

De forma mais ou menos acentuada, todos somos possuidores destes sentidos; porém, mais do que eles, ao bom degustador é indispensável possuir uma boa memória (se ótima, melhor). É preciso memorizar as sensações percebidas em degustações anteriores para poder compará-las com as sensações da degustação atual e assim formar um quadro completo e, acima de tudo, objetivo de um determinado vinho.

Ser objetivo! Essa é talvez a parte mais difícil porque todos nós temos nossos gostos pessoais para os nossos alimentos preferidos e isso pode, involuntariamente, influenciar o julgamento. Será considerado um julgamento objetivo, quando forem esquecidos nossos gostos pessoais e determinar objetivamente os perfumes e gosto que o paladar detectar.

Para efetuar uma boa degustação são necessárias algumas

condições particulares, seja para o degustador, como para o local e o copo. O degustador não deve usar perfumes ou ter usado recentemente sabonetes perfumados. Deve estar em boas condições físicas, psicológicas e fisiológicas. Um resfriado será suficiente para impedir uma boa degustação. O paladar deve estar fresco e não deve ter tido recentemente contatos com alimentos picantes como alho, cebola, alcachofra, pimentão, erva-doce, menta, chocolate, bebidas fortes e, tanto menos, cigarros, charutos e cachimbo.

O melhor horário para degustar é entre 10 e 11 horas da manhã, porque é neste período que os sucos gástricos começam a produzir o efeito estimulante do apetite, tornando o estomago altamente receptivo.

O local ideal para uma boa degustação é uma sala limpa, bem arejada, para evitar que eventuais maus cheiros permaneçam no local, com as paredes pintadas com tinta clara ou branca e a mesa com tampo branco ou coberta com uma toalha branca. No local não devem existir barulhos de nenhum tipo, não deve sofrer vibrações de nenhuma espécie e a iluminação, clara mas não direta. A temperatura ambiente ideal deve ser entre 18° e 20°C. Estas condições são as de uma normal sala de jantar onde são bebidos vinhos finos. Todos estes detalhes se tornarão inúteis se também os copos não forem apropriados.

Foram estudadas várias formas de copos e não podendo sempre dispor de todos eles em todas as degustações, foi considerado um que responde às exigências ou às normas da ISO (International Standard Organization). O copo é de vidro ou cristal branco, transparente, liso, adequado para degustar quaisquer tipos de vinho como: champagne, brancos, tintos, fortificados, grappa, eau de vie obtida do vinho ou da fruta ou grãos. A forma é de um ovo na parte baixa, subindo com as paredes levemente abauladas e terminando com a boca mais estreita que o fundo, o cabo alto e a base redonda simples.

Inicia-se a degustação com a prova visual. O copo é colocado na mesa branca, e com o vinho até no máximo 1/4 de seu volume. Serão observadas: a superfície líquida, a veste e por último as pernas. A superfície se observa do alto e depois lateralmente. Esta deve ser brilhante ou pelo menos límpida e sem nenhum vestígio de poeira ou outro elemento qualquer em suspensão. Se for opaca significa que há algo errado com o vinho e provavelmente está sofrendo ou se recuperando da ação de alguns micróbios. A observação lateral dirá se está tendo floculação ou depósitos. A presença de elementos flutuantes, chamados de "aviadores", é sinal indiscutível de que o vinho foi mal vinificado e não poderá envelhecer. Os depósitos no fundo do copo não são uma coisa séria ou perigosa para a sua constituição e sua vida. Eles são geralmente devidos à formação de cristais insolúveis ou por precipitação, por gravidade do cremor tartaro (bitartrato de potássio). Significa que o vinho recebeu um choque térmico a frio e o vinhateiro não fez precipitar os bitartratos. O resultado desse primeiro exame exprime-se em poucas palavras que, para os bons vinhos, são: límpido ou brilhante; e para os outros são: duvidoso, opaco, leitoso, floculante, turvo.

A veste é a cor do vinho que é avaliada pela sua intensidade e reflexos. A cor, que nos brancos vai de um amarelo bem pálido, quase branco, ao âmbar e que nos tintos começa com o violáceo até o marrom, ajuda a estimar a idade do vinho. A cor é tão importante que há certas variedades de uva que são cultivadas propositalmente para dar cor ao vinho.

Inclinando o copo de um lado para outro, fazendo rodar o líquido de modo que suba e desça pelas paredes, ao descer formará umas perninhas ou arcos ou lágrimas em conseqüência da viscosidade do vinho e a diferença de tensão em superfície entre a água e o álcool. Os arcos ou lágrimas são formados pela glicerina e açúcares residuais junto com o álcool. A presença dos arcos não significa que o vinho seja balanceado ou harmônico. Muito álcool ou excesso de glicerina ajudarão na formação dos arcos.

Os termos desta terceira análise, relativos à fluidez ou à viscosidade, são: aguado, fluido, pesado, xaroposo, muita glicerina. Oleoso-viscoso é para os vinhos doentes.

Logo depois do exame visual, passa-se a examinar o vinho com o olfato mantendo o mesmo copo e o mesmo conteúdo, que neste breve espaço de tempo terá iniciado sua oxidação, embora em dimensões reduzidas. Inicia-se o exame olfativo com o degustador esvaziando seus pulmões, e com o nariz dentro do copo aspira profundamente. Este primeiro ensaio com o nariz dá uma pálida idéia da semelhança com a segunda prova, mas incapaz de detectar a qualidade de elementos voláteis e químicos que rapidamente se volatilizam no ar circunstante ou que se transformam em oxidação. Em muitos casos o nariz é influenciado por cheiros parasíticos capturados durante o engarrafamento e pela presença de anidrido sulfuroso, hidrogênio e outros elementos químicos. A segunda fase inicia-se com um ato familiar. O degustador pega o copo e faz rodar o vinho dentro dele para oxigená-lo e acelerar o processo de oxidação. A oxidação ajuda a limpar o vinho dos gases em solução e a oxidação liberta os elementos aromáticos nele contidos. O sentido do olfato tem uma parte essencial na degustação, estabelecendo a natureza e a intensidade dos elementos aromáticos que compõem o vinho.

O termo "intensidade" é usado para expressar a força ou a fraqueza e os mais usados são: fraco, pobre, curto, vazio, médio, normal, forte, rico, intenso, amplo, complexo, longo. Os adjetivos para julgar a qualidade são mais ou menos os seguintes: ordinário, insignificante, simples, refinado, fino, sofisticado, distinto.

Os aromas são subdivididos em três classes: primários, secundários e terciários. Os primários referem-se à qualidade da uva e é com eles que se identifica mais facilmente o tipo de uva. Alguns aromas são mais marcantes nos vinhos jovens ou em vinhos feitos com uvas altamente aromáticas, como o moscato ou os vinhos da Alsácia.

Os aromas secundários, geralmente chamados de fermentativos, são os que se referem mais especificamente ao próprio vinho. Estes são causados pela transformação do mosto em vinho, dependendo do tipo de mosto, das leveduras e do tipo de fermentação.

Os aromas terciários aparecem somente durante o período de

amadurecimento na madeira ou nos outros vasos ou depois de um período de envelhecimento e afinamento em garrafa. Os cheiros e os aromas, que juntos formam o buquê, são muitos, sendo alguns deles:

1) Florais - acácia, lírio, jasmim, violeta, rosa, gerânio, margarida, etc.
2) Fruta fresca - limão, amora, cereja, frutos de bosque, cassis, morango, abacaxi, banana, maça, melão, pêssego, damasco, pêra, ameixa, etc.
3) Vegetais - capim, feno, hortelã, tabaco, musgo, pimentão, etc.
4) Animais - couro, pelica, caça.
5) Especiarias - canela, anis, noz moscada, cravo-da-índia, pimenta, alcaçuz, azeitonas verdes, etc.
6) Vários - café, amêndoa torrada, baunilha, caramelo, trufa, leveduras, mel, madeira, crosta de pão, etc.
7) E muitos outros que seja possível detectar.

O teste gustativo é a última parte da degustação e, embora seja a parte mais delicada, não é provado que uma degustação dependa mais da parte gustativa que da olfativa. Alguns degustadores confiam mais na apreciação nasal, sabendo que todos os aromas passam pela boca através das passagens posteriores do nariz. Quando o vinho encontra-se ainda na cavidade bucal, os aromas vaporizados vão excitar uma parte dos milhões de células dos nervos nasais. Por isso pode-se entender o motivo do ritual da degustação e porque, no instante em que o vinho entra na boca, antes de ser deglutido ou cuspido, deve ser distribuído em toda a cavidade bucal deixando-o lentamente resvalar sobre a língua simultaneamente a uma lenta inalação. Desta forma, que pode parecer complicada, mas na realidade não é, os vapores aromáticos do vinho serão percebidos mais intensamente por serem delicadamente aquecidos na boca. Por isso muitos provadores de vinho não o deglutem, mas preferem espalhá-lo em todas as partes da boca à procura das sensações percebidas durante a fase olfativa. Estas sensações serão definidas com os mesmos termos usados para as sensações olfativas. O exato gosto reside na língua, que é dividida em quatro zonas básicas para distinguir os sabores.

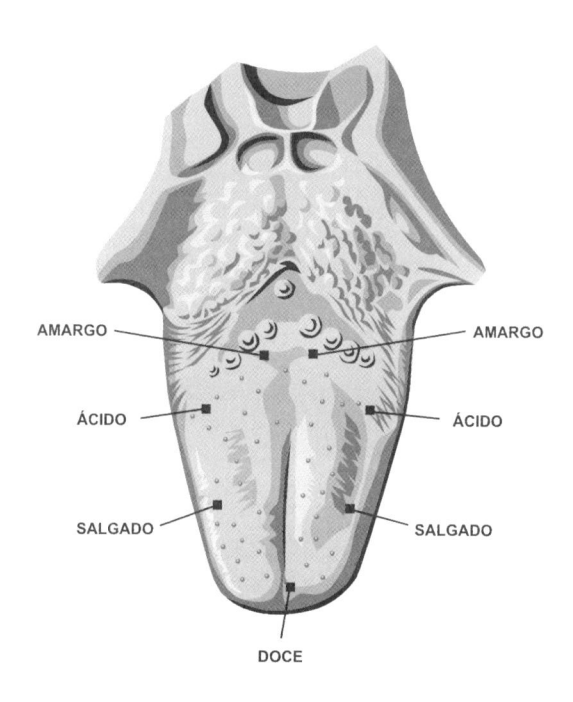

O doce é percebido com a ponta da língua, ao passo que o salgado é detectado nas zonas laterais, atrás do doce. As faixas laterais captam a acidez e a parte posterior, o amargo. Esses quatro gostos primários são modificados pelas sensações percebidas com a língua pela cavidade oral.

São sensações térmicas, de consistências líquidas (fluidez e viscosidade) e químicas, como a adstringência e gás.

Existe um fator importante que faz distinguir um vinho fino de outro de safra ruim. É o comprimento ou persistência do sabor dentro da boca. Este fenômeno é bastante complexo. Depois que o vinho é deglutido, seu poder aromático tende a permanecer na boca e se perde gradativamente. A durabilidade desta sensação determina a persistência que é medida em segundos. Quanto mais prolongada a persistência, tanto melhor será o vinho. Uma curta persistência denunciará um vinho medíocre ou insuficiente.

Nesta parte da degustação pode aparecer um pequeno problema que é a confusão que pode acontecer misturando a persistência com a intensidade. As componentes aromáticas de um vinho são sustentadas pela sua estrutura e em determinados casos da persistência, a estrutura do vinho não se manifesta.

Durante as fases da degustação será compilada uma ficha na qual aparecerão, além das notas para a visão, o olfato e o gosto, o nome do degustador, do vinho, da safra, do local, a hora, a temperatura ambiente e a data. Essas anotações serão guardadas, e posteriormente comparadas com outras do mesmo vinho e degustador em safras diferentes, por alguns anos (geralmente 4 anos), e assim será possível classificar o vinho em catálogo, dependendo da constância de suas características.

Segue a reprodução de uma ficha de degustação considerada a mais completa, de autoria do enólogo italiano Giancarlo Bossi.

FICHA ANALÍTICO - DESCRITIVA

ABS/SP — Associação Brasileira de Sommeliers

VINHO		TEOR ALCOÓLICO:	TEMPER. DE SERVIÇO:	DATA:
SAFRA	PRODUTOR			LOCAL:
				DEGUSTADOR:

1. EXAME VISUAL

RECONHECIMENTO | AVALIAÇÃO

TONALIDADE	INTENSIDADE	REFLEXOS	TRANSPARÊNCIAS	COR		LIMPIDEZ	
☐ Branco-papel	☐ Claro	☐ Âmbar	☐ Brilhante		8	Brilhante	8
☐ Verdeal	☐ Escuro	☐ Alaranjados	☐ Límpido		6	Límpido	6
☐ Amarelo-palha	☐ Clarete	☐ Violáceos	☐ Leve opacidade		4	Velado	4
☐ Amarelo-ouro	**FLUIDEZ**	☐ Esverdeados	☐ Opaco		2	Lig. turvo	2
☐ Amarelo-âmbar	☐ Púrpura	☐ -----------	☐ -----------		0	Turvo	0
	☐ Vermelho-rubi	☐ Escorregadio					
	☐ Vermelho-granada	☐ Denso					
	☐ Vermelho-alaranjado	☐ Fladeiro					

TOTAL 1 (10%)

2. EXAME OLFATIVO

RECONHECIMENTO | AVALIAÇÃO

CARACTERES GERAIS			QUALIDADE		INTENSIDADE		PERSISTÊNCIA	
☐ Amplo	☐ Nítido	Outros caracteres:	Finíssimo	12	Bastante intenso	4	Muito persistente	8
☐ Fragrante	☐ Etéreo		Bastante fino	9	Intenso	3	Persistente	6
☐ Franco	☐ Defeituoso	-------------	Fino	6	Ligeiro	2	Equilibrado	4
☐ Frutrado	☐ -------	-------------	Comum	3	Sutil	1	Pouco persistente	2
☐ Vinhoso	☐ -------	-------------	Grosseiro	0	Tênue, fugaz	0	Fígido	0

TOTAL 2 (24%)

TRAÇOS PERCEPTIVOS

Flores: acácia, espinheiro, lírio gesteira, margarida, jasmim, petúnia, violeta, cabugueiro, pêssego, tília, rosa, rosa silvestre.

Frutas Frescas: limão, romã, amora, cereja, pequenos frutos do bosque (framboesa, cassis, mirtili, morango), groselha, abacaxi, banana, maçã, (golden, verde, raineta), marmelo, melão, melancia, pêssego, abricó, lima, pera, tangerina.

Vegetais: erva fresca, feno cortado, hortelã, tabaco, louro, funcho, musgo, noz verde.

Especiarias: anis-estrelado, canela, noz-moscada, cravo-da-índia, pimenta, alcaçus.

Animais: couro, pelica, caça, ovos podres

Vários: café, amêndoa torrada, baunilha, alcatrão, trufa, caramelo, leveduras, crosta de pão, mel, conlituras, pele de salame, madeira.

3. EXAME GUSTATIVO

RECONHECIMENTO (ESTRUTURA GERAL)

AÇÚCARES	ACIDEZ	ÁLCOOL	MACIEZ	CORPO	TANICIDADE
☐ Seco	☐ Mole	☐ Fraco	☐ Carente	☐ Magro	☐ Carente
☐ Meio-doce	☐ Chato	☐ Pouco álcool	☐ Pouco carente	☐ Pouco encorpado	☐ Pouco tânico
☐ Suave	☐ Sápido	☐ Equilibrado	☐ Macio	☐ Bom corpo	☐ Tânico equilibrado
☐ Doce	☐ Fresco-vivo-nervoso	☐ Quente	☐ Redondo, pastoso	☐ Muito encorpado	☐ Ligeiramente tânico
☐ Licoroso	☐ Acídulo-áspero	☐ Muito quente	☐ Untuoso	☐ Massudo	☐ Muito tânico

AVALIAÇÃO

EQUILÍBRIO		AROMA DE BOCA				FIM DE BOCA	
		QUALIDADE		INTENSIDADE		PERSISTÊNCIA AROMÁTICA		SENSAÇÕES FINAIS
Harmônico	16	Finíssimo	16	Bastante intenso	16	Muito persistente	8	☐ Termina bom Deixa a boca:
Bast. equilibrado	12	Bastante fino	12	Intenso	12	Persistente	6	☐ Fresca ☐ Limpa
Equilibrado	8	Fino	8	Ligeiro	8	Moder. persistente	4	☐ Enxuta ☐ Árida
Lig. desarmônico	4	Comum	4	Sutil	4	Pouco persistente	2	☐ ----- ☐ -----
Desarmônico	0	Grosseiro	0	Tênus, fugaz	0	Curto, fugídio	0	☐ Com fundo -----
								☐ -----------

TOTAL 3 (60%)

OUTROS JUÍZOS (EVOLUÇÃO)

☐ Jovem ☐ Pronto ☐ Maduro ☐ Ligeiramente velho ☐ Velho ☐ Decrépito

TOTAL GERAL (1 + 2 + 3):

OBSERVAÇÕES ADICIONAIS:

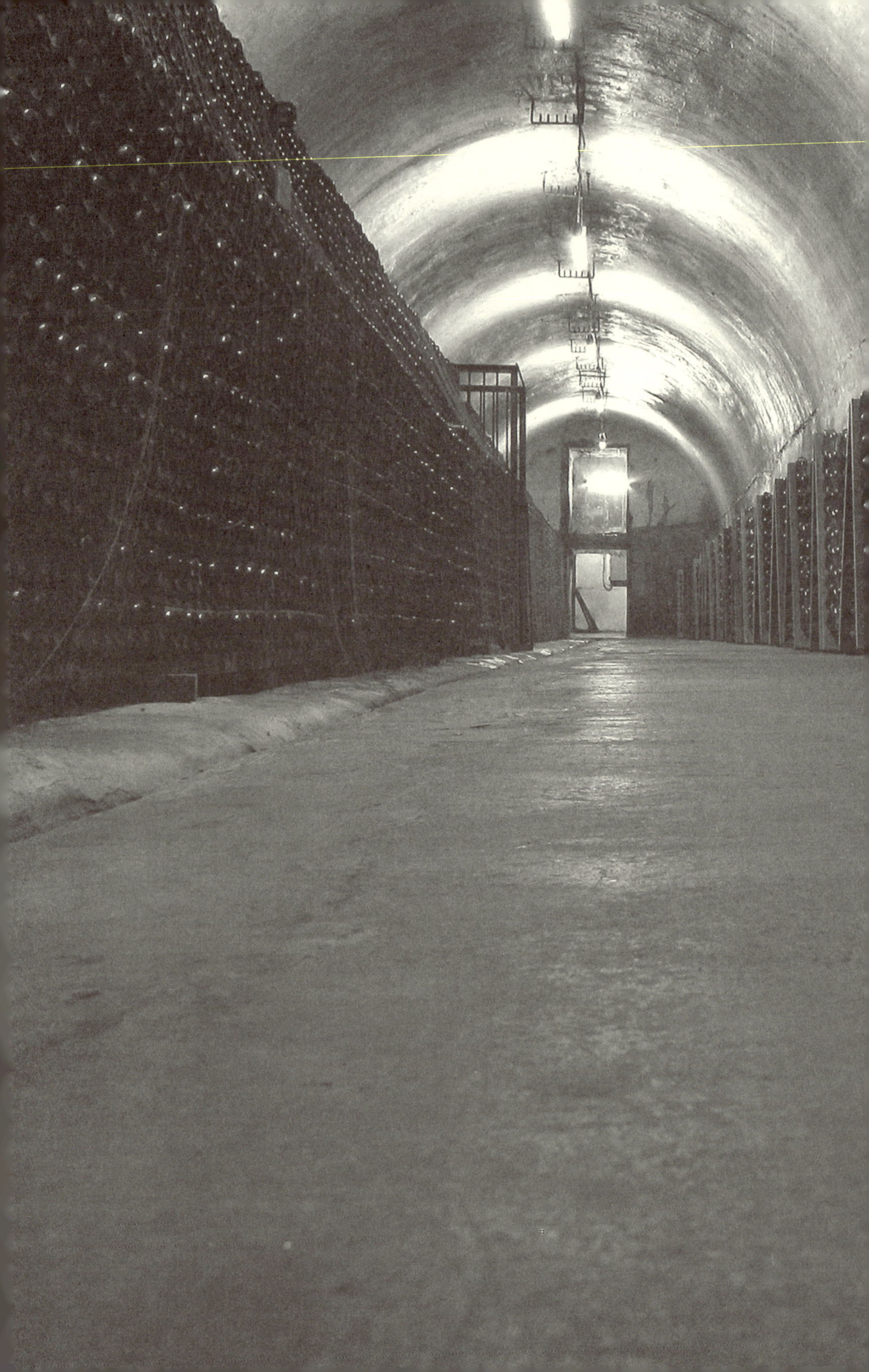

CAPÍTULO IX
CONSERVAÇÃO DO VINHO

O vinho é um produto delicado e frágil como uma criança. É preciso segurá-lo pela mão até o fim de seus dias, ou seja, até o dia em que será levado à mesa, para finalmente ser degustado. Qualquer descuido pode causar seu fim prematuro; e para evitar que isso possa acontecer é indispensável que esteja muito bem guardado. A sua casa é uma casa especial onde deve chegar com o máximo dos cuidados. Deveria, mas, infelizmente nem sempre é assim. Como muitas coisas boas deste mudo, é aviltado sendo mal transportado, exposto à luz, vendido e comprado por homens de todas as classes sociais, de pouca e diversas culturas, que muitas vezes ignoram as mais elementares normas de manuseio. Quando um vinho sai de sua primeira moradia (de onde não deveria nunca sair), e inicia sua sofrida viagem pelo mundo afora, até chegar em sua definitiva casa, faz rápida escala em vários lugares ao longo de seu percurso, como um trem que pára nas várias estações. Estas viagens são verdadeiros calvários que, se não prejudicam o vinho de imediato, seguramente não lhe trazem nenhum benefício. O vinho é uma preciosidade e como tal deveria ser cuidado como fazem os arqueólogos com suas descobertas, os geólogos com as pedras preciosas, os oceanógrafos com os tesouros submersos achados no fundo dos mares. Em verdade também o vinho tem seus experts, são os enólogos que teoricamente deveriam seguir o vinho, depois de feito, até seu último dia, quando será consumido, na mesa dos consumidores, sejam eles experts ou não. Evidentemente isto não é possível, mas antes de chegar à mesa deveria ter sido conservado de forma especial, em lugar especial como seguramente era intenção de seu criador. Este lugar especial chama-se adega. Deveria ser possivelmente natural, subterrânea, com pouca luz, fresca, com temperatura estável, com mínimo de incursões térmicas diurnas e sazonais. Ventilada, mas não seca, limpa, sem cheiro de nenhum tipo, situada com face norte no hemisfério norte e face sul no hemisfério sul, mas nunca no eixo leste-oeste. Longe de barulhos e livre de vibrações para que naquele ambiente, quase místico, possa desenvolver seu buquê e seu gosto sublime, qual único companheiro do homem durante as horas de meditação ou durante as refeições, quando os alimentos terão seu valor inalterado e seus sabores altamente valorizados.

Esse seria o tipo ideal de adega: o antigo, natural, aquele que o homem descobriu um dia, de um passado muito remoto, e fez deste lugar um lugar sagrado, como um templo.

Foi numa destas adegas subterrâneas em terra de Toscana que, num longínquo dia, um famoso e infelizmente saudoso jornalista, Gianni Brera, degustando um Chianti Gallo Nero Reserva, disse que naquele silêncio quase místico se sentia "...como aquele que escutando música, ouvia passar os anjos e os via". Infelizmente nem todas as adegas são assim, mas a maioria das antigas se parecem. Onde não há as condições ideais, intervém a tecnologia que cria o ambiente quase idêntico, embora menos romântico, mas tecnicamente eficiente. Dependendo das condições de conservação qualquer tipo de vinho poderá desenvolver-se ou piorar, poderá tornar-se mais longevo ou talvez envelhecer mais rapidamente.

Pela sua natureza, o vinho não deveria viajar a lugar algum para poder manter-se em seu estado ótimo; mas conforme sua estrutura pode suportar até longas viagens sem se alterar e sem perder suas características. Um Brunello di Montalcino, dependendo da safra e se conservado na adega da "Fattoria" onde nasceu, ultrapassa um século de vida. Porém, tenho certeza, que o mesmo Brunello, se viajar para outro continente ou outro país, embora seja guardado com todos os resguardos, num ambiente quase igual ao seu de origem, não chega, na mais otimista das hipóteses, aos 50 anos. Será o cansaço da viagem, ou a saudade da terra natal, ou o clima artificial que o envolve, não sei ao certo, mas sei que o vinho fora de casa muda e morre antes. Dificilmente chega a se estragar, mas muda.

Recebendo um produto que já está sofrendo um handicap, é preciso ter o máximo de cuidado para que o handicap não se amplie aliando-se a possíveis condições desfavoráveis, que fatalmente o matariam mais rapidamente.

Embora o envelhecimento em todas as formas de vida e de tudo que existe na Terra seja um processo irreversível, com específicos e indispensáveis cuidados é possível conservar tudo por mais tempo em boa forma. Para o vinho também não podemos impedir sua morte, mas podemos conservá-lo inteiro e sadio por mais tempo. A adega natural com as características descritas é o ideal, mas a artificial reproduzindo a natural, também é muito boa. O que não é aceitável como lugar para a guarda dos vinhos, são os armários, as dispensas com a presença de alimentos aromáticos ou, pior ainda, produtos de limpeza. Também devem ser evitados os quartos fortemente iluminados pela luz direta do sol e expostos na face sul (hemisfério norte) ou face norte (hemisfério sul). Um porão muito úmido ou um sótão muito quente são absolutamente impróprios para conservação dos vinhos. Quando não se tem a possibilidade de possuir uma adega, é possível suprir esta falta com a escolha de um lugar menos vulnerável para os vinhos ou resolver o problema adquirindo uma adega climatizada (cara) ou um climatizador de ambiente, que custa bem menos. Todas estas precauções para preparar o ambiente ideal (ou quase) para guardar as preciosas garrafas serão inúteis, se também elas não chegarem à nossa hospedagem, nas melhores condições de conservação, para ter chances de poder prolongar suas vidas, o quanto mais possível.

O ponto vulnerável de uma garrafa de vinho reside no gargalo, ou melhor dizer, na rolha que fecha o gargalo. Se este não está bem tampado, com o tempo deixará penetrar o ar que oxidará o vinho e o deixará decrépito mais rapidamente. Até nossos dias a melhor forma de fechamento das garrafas é a rolha de cortiça. Este material é produzido pelo caule de uma árvore chamada "sobrero". É um revestimento que cresce externamente envolvendo o tronco como uma camisa e que com o passar do tempo aumenta sua espessura. Esta casca, retirada a cada 8 ou 10 anos, é a cortiça. É de fácil manufatura, macia e possui uma grande elasticidade. As rolhas são extraídas na espessura da cortiça que deve apresentar um mínimo de defeitos possível, deve ser compacta, elástica e branca. Os pequenos cortes que se notam numa rolha são os defeitos ou caminhos por onde pode entrar o ar. Embora estes cortes não estejam em correspondência um do outro, é tomada a precaução de usar uma rolha com diâmetro bem maior que o diâmetro interno do gargalo da garrafa e um comprimento de pelo menos cinco centímetros. Sendo o diâmetro da rolha bem maior que o espaço que irá ocupar, para poder entrar deverá ser comprimida e, sendo a cortiça porosa e macia, sua compressão resultará no aumento de seu comprimento. Pela sua elasticidade tenderá a voltar a seu estado natural, mas sendo presa tenderá a se expandir contra as paredes cilíndricas do gargalo. Desta forma evita-se ainda mais a entrada de qualquer elemento nocivo, primeiro entre todos, o ar. Para proteção da rolha, a extremidade do gargalo será coberta com uma tampinha que antigamente era de laca derretida; depois foram usadas cápsulas de chumbo e em tempos mais recentes e atuais usa-se também o alumínio ou plástico. O tipo de rolha de cortiça descrito é usado para os grandes vinhos de longa guarda, mas para os vinhos menos importantes o comprimento, o diâmetro e a qualidade da cortiça, variam amplamente em conseqüência da mentalidade e da economia que vem praticando cada produtor. Esta é simplesmente uma questão de custo, visto o preço altíssimo e a escassez da cortiça, mas que indiscutivelmente muitas vezes prejudica a vida do vinho e sua qualidade, e não se justifica. Recentemente foi inventado e experimentado um outro tipo de rolha feito em lâminas sobrepostas de silicone, mas este tipo de rolha é confiável somente em vinhos que devem serem bebidos jovens, por quanto esse tipo de rolha perde quase que de imediato a elasticidade, deixando de fazer pressão contra as paredes do gargalo, como a rolha de cortiça, e permitindo, depois de pouco tempo, a entrada do ar que, em contato com o vinho, o oxidará.

Supondo que todas as garrafas que entram na adega estejam devidamente confeccionadas, como deverão ser guardadas? Deitadas ou de pé? Geralmente para os tintos que são mais longevos, é aconselhável mantê-los deitados com a parte alta para cima, de modo que o líquido chegue a molhar a rolha e aquele pequeno vão sem vinho, próximo da parte inferior da rolha, forme uma pequena bolha de ar que venha a se estabilizar na parte curva, entre o início do gargalo e o corpo da garrafa.

Nessa posição, se houver impurezas contidas no vinho ou alguns elementos, dos quais o vinho venha a se libertar por decantação, todos eles irão acumular-se no fundo da garrafa, facilitando a operação de servir na hora oportuna. A rolha, em contato com o líquido, tenderá a absorvê-lo e, em conseqüência, aumentará de volume fazendo ainda mais pressão contra o vidro que o aprisiona, dificultando mais a entrada de ar.

Os brancos que têm vida mais curta podem ser guardados com a garrafa na posição vertical, menos aqueles que têm longa vida como alguns da Bourgogne.

Todo este trabalho, que vai da escolha do lugar aos cuidados com a garrafa, com a rolha, etc., poderá resultar ineficiente se a rolha não for 100% sadia. Basta um microrganismo, geralmente proveniente do mofo que pode conter na rolha, para que este altere o gosto do vinho, transmitindo-lhe o chamado "gosto de rolha", ou para usar o termo francês, torná-lo "bouchonné".

Dentre todos os inimigos do vinho, que vão das doenças da videira como o oidio, a peronospora, a podridão, a aranha vermelha, os pulgões, existem outros que o atacam diretamente. São as doenças de origem microbiana como o amargo, o filante, o agridoce, a azedia. Todas elas são curáveis, mas existe um inimigo que não faz concessão nenhuma e, embora lento, é absolutamente implacável: o tempo. O tempo que na vida do homem cura todos os males, concilia as mais ásperas divergências, na vida do vinho age como um carrasco. Cada vinho tem uma vida definida pelas suas características, por sua estrutura e saúde, que não resistirão à ação corrosiva do tempo, mais que um determinado período – que é a vida de cada vinho. Dependendo de sua origem, de como nasceu e dos cuidados que teve até chegar à sua definitiva habitação, poderá envelhecer alguns anos a mais; mas para evitar que morra sem antes ser degustado, é absolutamente indispensável controlar sua idade não descuidando do passar do tempo. Para facilitar este trabalho será útil manter na adega um livro ou um computador, com função de um cartório de registro civil, para controlar as datas de nascimento de cada vinho, ou seja, a chamada safra, a fim de justamente evitar que sua morte chegue antes de tê-lo aproveitado em sua plenitude.

Surge aqui uma pergunta legítima: como se calcula a vida de um vinho? A resposta está no conhecimento, na experiência, na cultura de cada um que seja um bom enófilo e, melhor ainda, se for um enólogo ou um somellier. Manter uma adega eficiente, além de paixão, requer uma atenção constante que, segundo o número de garrafas é trabalhoso, mas será sempre um "doce trabalho", cujo resultado poderá ser compartilhado com os amigos, nos melhores momentos de nossa curta vida.

Apesar das modernas tecnologias que também participam ativamente na produção do vinho, este é um dos poucos bens naturais que Deus nos deu. Todavia mantém uma boa parte de romantismo que nasce das verdes parreiras nas ensolaradas colinas e que se oferece generosamente, despejado nos copos sobre nossas mesas, onde não deveria nunca faltar.

Cuidando de nossos vinhos, quem sabe, um dia, mesmo sem vê-los, possamos ao menos escutar os anjos passar.

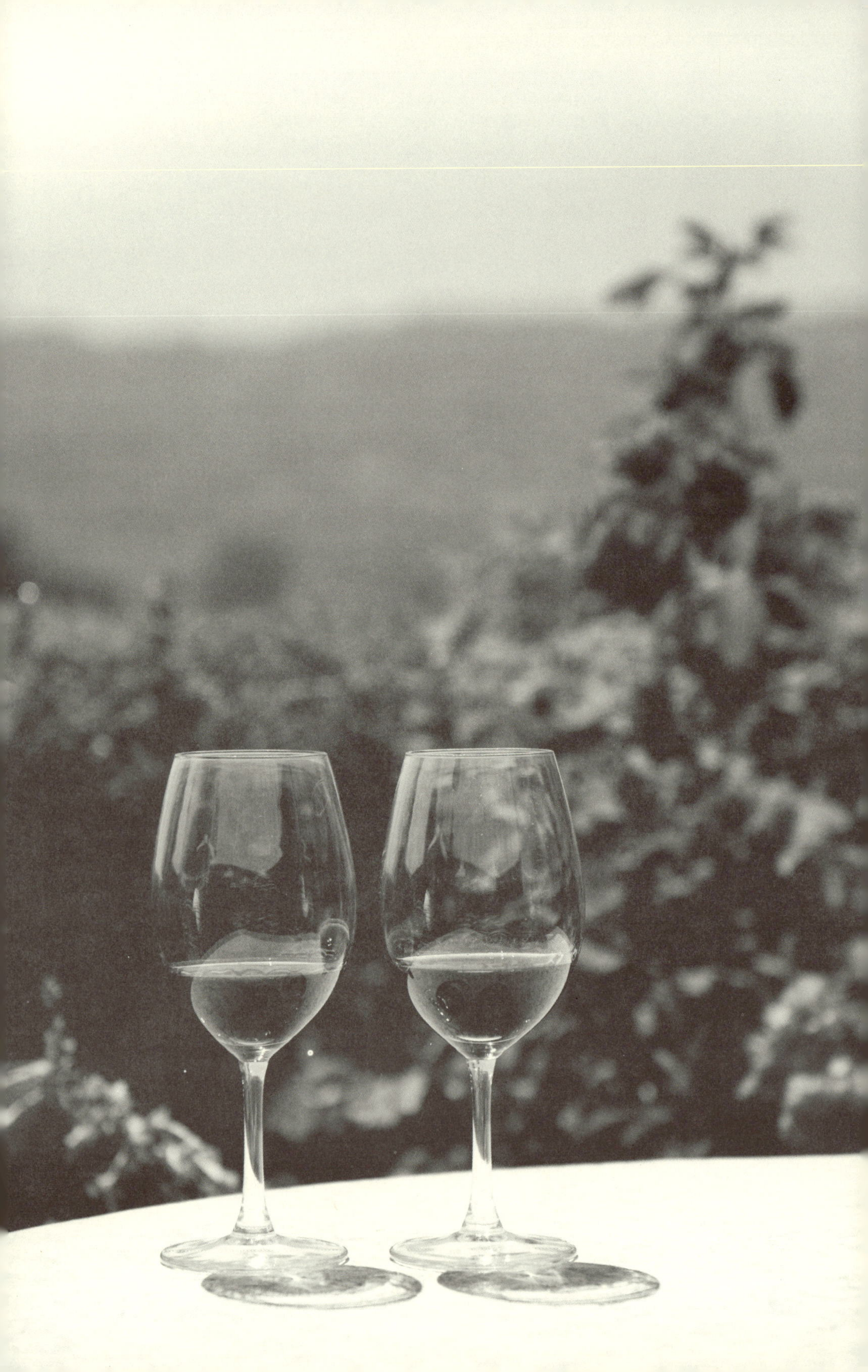

CAPÍTULO X

DO LUGAR DE DESCANSO À MESA

Da silenciosa e escura adega até a mesa onde o vinho será degustado, o caminho é curto, mas cheio de insídias que podem estragá-lo, mesmo que até então tenha recebido todos os devidos cuidados. Dentro da adega há uma temperatura e uma umidade relativa do ar controlada nos limites ideais para manter longamente o vinho em boa saúde; mas no lugar para onde será levado haverá condições climáticas diferentes e este é um dos perigos. Outro é como a garrafa será removida e transportada. A garrafa, que há anos está descansando numa determinada posição, não deve ser removida bruscamente, pondo-a na posição vertical. Se por exemplo ela estava deitada, isso provocaria um indesejável enturvamento do líquido, se este, durante o tempo em que permaneceu imóvel, foi despojando-se de eventuais impurezas que certamente foram depositar-se no fundo ou em outro ponto da garrafa. Se esta estava de fato deitada, deve-se tomar o cuidado de colocá-la na posição vertical muito lentamente para evitar que os depósitos se levantem, formando uma nuvem que demorará a desaparecer e que não trará nenhuma vantagem ao vinho, mesmo se não chegar a estragá-lo.

Outro modo de retirar a garrafa é transportá-la sem mudar sua posição, até um decanter, ou uma cesta ou um apóia-garrafa. Superada essa primeira dificuldade, é necessário estar atento à temperatura externa. Se a diferença é muito grande, um forte choque térmico é perigoso. Neste caso será oportuno proteger a garrafa evitando esta mudança repentina. Uma vez no ambiente onde será degustado, é aconselhável deixar a garrafa em posição vertical pelo menos 24 horas, para que o vinho possa aclimatar-se e para que as impurezas tenham tempo suficiente para decantar e deixar o vinho límpido pela última vez. Se a garrafa foi levada numa cesta ou se o vinho foi antes decantado, não será preciso fazer outra coisa se não sacar a rolha e deixar o vinho respirar o tempo necessário antes de servir. Dependendo da idade e do tipo de vinho, a rolha será retirada uma hora ou mais, até 24 horas antes. Biondi Santi diz que o Brunello dele deve ser aberto com 24 horas de antecedência. Se por algum motivo, como por exemplo num restaurante, onde não é possível esperar tanto tempo, será boa prática decantar o vinho. Decantar não é fazer apologia de algo ou alguém, mas no nosso caso é a operação de despejar muito cuidadosamente o conteúdo da garrafa numa outra de forma especial. Esta deve ter o pescoço comprido com a boca levemente aberta e o corpo bem amplo para que, quando o vinho estiver lá dentro, usufruir de uma superfície livre bem grande, que lhe permitirá uma oxigenação maior em um tempo bem menor. Essa operação, que é muito delicada, deve ser feita pondo uma fonte luminosa (uma vela) atrás do gargalo da garrafa, de maneira que a iluminação permita ao operador ver fluir o líquido límpido até o momento em que possa detectar alguma eventual impureza vinda do fundo. Nesse instante interrompe-se a trasfega para evitar o enturvamento do vinho que foi já decantado. A operação de decantar é efetuada sempre com os velhos e melhores tintos.

Os brancos, quando levados à temperatura ideal de servi-los, devem ser servidos logo depois de desarrolhada a garrafa. Por que esta diferença de tratamento, sendo o líquido em questão, sempre vinho, feito de uvas e às vezes da mesma cepa? Porque os brancos que contêm os aromas primários, que são os perfumes das flores e das frutas, deixando-os por muito tempo em contato com o ar, iniciam imediatamente uma oxidação amargando e perdendo os aromas que são suas prerrogativas. Os tintos ao contrário devem ter o tempo necessário para soltar os perfumes secundários e terciários, que constituem o buquê que se forma com o tempo no silêncio daquela adega, da qual falamos no capítulo anterior, para explodir com máxima força na hora de desarrolhar a garrafa.

Aberta a garrafa, com todos os cuidados necessários, é indispensável cheirar a rolha. Ela deve cheirar a vinho sem tendência alguma. Se assim for, quer dizer que, em princípio, o vinho é bom ou pelo menos não está "bouchonné". Sucessivamente serve-se um pouco no fundo do copo ou no "tastevin", no qual se experimenta para ter certeza de que não esteja estragado. Depois disso, procede-se ao serviço despejando o vinho nos copos previamente escolhidos. É preciso saber escolher os copos, por que seus diferentes formatos determinam o fluxo do vinho que entra na boca muda e com ele muda seu sabor. Por isso para cada vinho existe um tipo ideal de copo. Esta é uma norma que está se tornando respeitada, embora muitos, ainda, a ignorem por falta de conhecimentos específicos ou de informações. Todos deveriam usar os copos certos para evitar que as características do vinho se alterem ao degustá-lo.

Existem vários fabricantes de excelentes copos para vinho e não é difícil encontrá-los no comércio. O ideal seria usar copos de cristal com uma percentagem de 24% de chumbo, brancos, lisos e feitos à mão. Na falta desses, podem ser usados copos de vidro desde que lisos, brancos e de parede fina. Independentemente do formato e do material com o qual são feitos, todos os copos deveriam ter o cabo comprido para que a mão não chegasse a ter contato com o corpo do copo, alterando suas características e a temperatura que tinha sido julgada ideal para degustá-lo. Todos esses pequenos detalhes são prejudiciais a uma boa degustação. Em resumo: para cada vinho um tipo de copo. É claro que se pode beber também diretamente da garrafa, mas para poder apreciar um vinho em toda sua complexidade é preciso escolher o copo ideal.

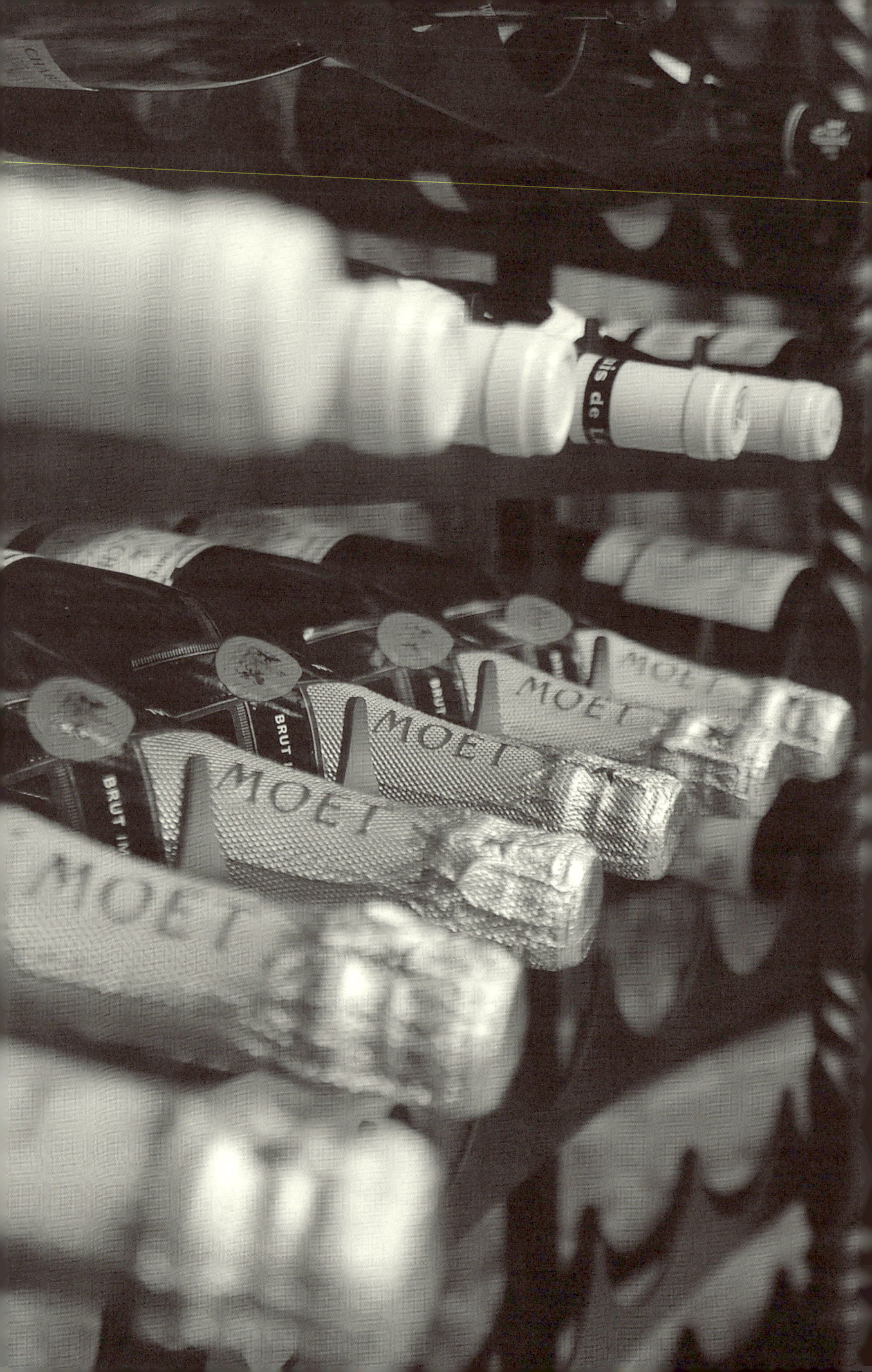
MOET
MOET
MOET
MOET
MOET
BRUT
BRUT

CAPÍTULO XI
O CHAMPAGNE

Champagne é uma palavra mágica com a qual se identifica o mais sofisticado, o mais desejado, o mais romântico e também erótico dos vinhos. Faz um capítulo à parte, aliás diria que faz história à parte no mundo da enologia.

É um vinho particular que está presente nos momentos mais importantes da vida de um homem, mas que pode ser chamado a participar de atos ou cerimônias e acontecimentos os mais normais, sem tornar-se comum e sem medo de perder a condição de vinho elitizado e particularmente especial. Tudo pode ser festejado com champagne sem que sua figura desça do alto da escada dos vinhos, incluindo todos os melhores.

Uma particularidade é que ele é frisante. Para tornar uma bebida frisante basta injetar nela certa quantidade de anidrido carbônico. Desta forma parece bastante simples produzir champagne, mas na realidade a produção dele não segue este caminho. O trabalho para se fazer um bom champagne é muito complexo, meticuloso e demorado.

Antes de falar de como é feito, é oportuno comentar o nome champagne, onde e como surgiu. Foi um francês, mais precisamente um frade chamado Dom Perignon que casualmente produziu o primeiro champagne da história. Considera-se ele o primeiro a fazer champagne porque soube inteligentemente aproveitar um "acidente de percurso" em sua rotina de adegueiro. Já na antiguidade outros vinhos em outros lugares tinham-se tornado espumantes, mas ninguém tinha notado este acontecimento, relevado somente por Dom Perignon. Era este religioso, o adegueiro do convento de Saint-Pièrre d'Hautvillers que, um certo dia, durante o seu normal trabalho de adega, viu que algumas garrafas, arrolhadas não com cortiça, mas com pano como se usava na época, haviam estourado a tampa e o líquido tinha-se tornado frisante. O que tinha acontecido? Simplesmente aquele vinho contido naquelas garrafas sofrera uma segunda fermentação e como elas eram arrolhadas, o anidrido carbônico da segunda fermentação permaneceu aprisionado no líquido que seguramente devia ter sofrido um rebaixamento de temperatura. Com o aumento da pressão natural e a elevação da temperatura, a tampa foi expulsa deixando sair uma abundante espuma.

Como todas as grandes descobertas, também essa se deu por acaso, conforme o pensamento de todos em geral. Na verdade foi pelo espírito de observação do bom Frade, que aproveitou o fato para estudá-lo pela primeira vez, embora isso já tivesse acontecido, mas sempre passou desapercebido.

O nome champagne foi dado pelos franceses, porque a uva usada para a produção daquele vinho era cultivada na região da Champagne e o vinho era chamado de "Vin de Champagne".

Quais excelsos vendedores, que sempre foram, os franceses proibiram por decreto, ao resto do mundo, chamar de champagne qualquer tipo de vinho cuja uva não fosse cultivada na região da Champagne. Assim, temos muitos *sparkling wines*, vinhos frisantes, espumantes, mas um único vinho, o francês, que é chamado de champagne. Em conseqüência dessa proibição pensou-se que os champagnes fossem em absoluto melhores que todos os outros vinhos espumantes. De fato, por longas décadas os franceses, com seu insuperável marketing, se impuseram ao mundo vendendo seus champagnes bem caros porque afirmavam, e ainda afirmam, que são os melhores. Para eles tudo o que é francês é melhor, portanto é vendido mais caro: vinho, queijo, perfume, moda e até as quinquilharias da Galeria Lafayette. O pior é que são muitos os que acreditam e pagam. Pagam caro só por ser francês. Que fique bem claro que com isso não queremos em absoluto denegrir ou desprestigiar as qualidades dos champagnes franceses e fingir ignorar que um bom número deles realmente são os melhores e que foram eles, os franceses, os mestres na produção desta bebida. Porém, os produtores de espumantes que tinham aprendido na França o *"métier de espumantizar"*, progrediram na qualidade de seus produtos, alcançando os "mestres" e em alguns casos superando-os. Isto não nos deve surpreender, pois em muitas situações da vida, o aluno supera o mestre.

Esta prestigiada bebida fez, desde o século XVIII, a fama

da França; foi em seu início a bebida das cortes européias. Madame Pompadour, que emprestou seu seio para modelar a taça onde beber o champagne, foi a responsável pelo sucesso alcançado pela bebida na Corte do Rei da França. Mais tarde chegou à Corte da Inglaterra, dos Czares da Rússia e das outras cortes da Europa que, naquele tempo, eram muitas.

Mauro Corte Real chama o champagne de "Sua Excelência"; para Giancarlo Bossi é o melhor vinho em absoluto; para Nubia Talarico Camargo é "uma maravilha".

Por que essa aparente exagerada preferência? Porque contém as chamadas bolinhas. Bolinhas cheias de gás carbônico que chegando à superfície estouram, liberando o gás nelas contido e que, entrando pelas narinas, "picam" com micro pontos as partes mais sensíveis do retro da boca. E dão às papilas da língua a sensação de salgado ou doce, conforme o vinho é seco ou doce. Quem cuidou das casas produtoras e zelou pela continuidade do sucesso alcançado com Dom Perignon, elevando-o aos mais altos níveis, foram as mulheres que, por singular coincidência, eram em grande parte viúvas.

No século sucessivo à descoberta de Dom Perignon, a famosa viúva Nicole B. Ponsardin Clicquot, hoje mais conhecida como a Viúva Clicquot permaneceu no comando da empresa de sua família, produzindo um champagne que foi o maior sucesso de sua época. Na segunda metade do século XIX, outra viúva, Madame Pommery, produziu o champagne Brut. Por longos anos, a viúva Perrier dirigiu a Maison Laurent Perrier. A viúva Heidsiek casou-se em segundas núpcias com Monsieur Piper e fez seguir o champagne Piper-Heidsiek. A viúva Camille Roederer permaneceu à cabeça de sua empresa por várias décadas. Na época contemporânea surge outra viúva: madame Bollinger chefiando sua empresa pessoalmente. Depois delas vieram outras mulheres, todas dedicadas e competentes, continuando a obra de suas antecessoras. Uma bebida que no início de sua produção era altamente elitizada e que embora continue sofisticada, hoje alcança todas as camadas sociais, nos mais recônditos cantos do mundo. São muitos milhões de garrafas consumidas anualmente no mundo, sendo os maiores produtores a França e depois a Itália, e os maiores consumidores a Inglaterra, a Alemanha e a Rússia.

Não soubemos se o vinho contido na primeira garrafa que soltou a rolha nas mãos de Dom Perignon era feito com um só tipo de uva ou se era um corte (assemblage) de mais vinhos. Tampouco sabemos se era doce ou seco. Só sabemos que quando foi posto em comércio era muito apreciado e fortemente requisitado. É um vinho versátil e de bom auspício, que acompanha uma requintada refeição do começo ao fim, ou um coquetel, uma festa, uma comemoração, enfim todas as oportunidades são boas para abrir uma garrafa de champagne. É também de bom auspício, tanto que no momento em que um navio é lançado ao mar, é quebrada uma garrafa de champagne na sua proa.

Mas o grande trunfo do champagne são as bolinhas de gás carbônico que nele se escondem. A habilidade do produtor consiste em chegar a formar essas bolinhas em grande quantidade e de tamanho minúsculo. Quantas mais e menores são, tanto melhor será o champagne, pelo menos no aspecto visual. Esse vinho especial e nobre torna-se mais difícil de ser feito porque todas suas fases de produção devem ser alcançadas de forma quase perfeita. É um vinho produzido em duas vezes ou duas partes completamente distintas. Inicia-se com a seleção das uvas que podem ser tintas ou brancas e brancas e tintas juntas, obviamente vinificadas em branco. Em qualquer caso, o ponto base é a escolha da uva que deve ser meticulosamente escolhida para evitar eventuais futuros defeitos, causados pela eventual impureza da matéria-prima. As uvas são prensadas separadamente em prensas a baixa pressão e o mosto posto a fermentar em recipientes separados, para fazer vinhos diferentes. Quando estiverem clarificados e prontos para serem engarrafados, acontece o chamado "assemblage" ou corte dos vinhos escolhidos. Eles podem ser até de safras diferentes, mas sem defeito algum e inicia-se a espumantização ou "champanhização". O resultado deste corte é a chamada *"couvée"*, à qual é adicionado o licor de tiragem, feito de açúcar de cana, tanino e leveduras selecionadas; e logo em seguida é engarrafado.

As garrafas são de vidro espesso para poder suportar uma pressão interna de até 5 ou 6 atmosferas, porque na segunda fase, durante a segunda fermentação, dentro das próprias garrafas, o anidrido carbônico que está se formando gera uma pressão no mínimo de 4 a 5 atmosferas.

É uma fermentação demorada, pois as leveduras escolhidas são preparadas para isso. As garrafas são guardadas horizontais em grandes pilhas que, a intervalos de alguns meses, são desfeitas e refeitas em lugar diferente, mas próximo. Durante a fermentação o líquido apresenta-se turvo com sedimentos que precipitam ao longo do corpo da garrafa. Ao término desta fermentação, as pilhas são novamente desfeitas e as garrafas colocadas nos "pupitres", que são tábuas inclinadas com uma série de furos, onde são alojadas as garrafas pelo gargalo em posição quase horizontal, mas ligeiramente inclinadas com tendência a manter o gargalo mais baixo que o corpo da garrafa.

Com um movimento de rotação efetuado diariamente e progressivamente, os sedimentos vão sendo empurrados para o gargalo junto à rolha. Quem executa esta operação é o adegueiro que, com um brusco movimento, roda as garrafas de 1/8 de giro, inclinando-as um pouco mais facilitando a descida dos sedimentos ao encontro da ponta da garrafa. Quando todas as impurezas são recolhidas junto à rolha, as garrafas se encontrarão em posição quase vertical e então se executa o "dégorgement". Essa operação consiste em congelar a parte superior da garrafa mediante imersão desta parte numa salmoura a uma temperatura de 20°C negativos. Dentro do gargalo forma-se um tarugo de gelo que contém uma parte de vinho e todas as impurezas que foram se acumulando durante a permanência nos "pupitres". Desarrolha-se então a garrafa e, por pressão interna, o tarugo é expulso deixando o resto do líquido límpido e seco, pois todos os açúcares existentes no início da segunda fermentação foram totalmente transformados em álcool, anidrido carbônico e glicerina. Rapidamente, em seguida ao dégorgement, efetua-se a operação, talvez a mais importante que o enólogo responsável mantém em segredo a sete chaves. O vazio deixado pelo tarugo de impurezas, expulso, vem completado com o chamado "liqueur d'expedition", que é do mesmo champagne com uma dosagem de açúcar para torná-lo seco, meio seco (demi-sec) ou doce. É esta a dosagem que constitui o trunfo do enólogo e que somente ele conhece. Depois da dosagem as garrafas são arrolhadas e as rolhas especiais e definitivas amarradas com um arame para evitar que a pressão possa expeli-las com a conseqüência de perder parte do conteúdo.

Depois de um breve período de descanso em galerias climatizadas o champagne está idôneo para ser consumido.

Esse que acabamos de fazer é o champagne feito com o método clássico ou "Champenoise".

Outro método, muito usado, mais barato e muito mais rápido, é o método Charmat, que consiste em espumatizar o vinho, num recipiente hermético chamado autoclave. Transfere-se a couvée para a autoclave que deve resistir pelo menos a 5 ou 6 atmosferas de pressão e na qual serão colocados açúcar e leveduras para que se processe a segunda fermentação. Esta acontecerá sob controle, à baixa temperatura e, uma vez terminada, o vinho é submetido a várias filtragens e micro esterilização para eliminar por completo os elementos vivos contidos no vinho que ainda possam permanecer nele, para evitar possíveis futuras complicações. Sempre à baixa temperatura, o vinho é finalmente engarrafado. Toda essa operação dura mais ou menos 10 dias. Confrontando este método com o Champenoise, é fácil notar que o ganho de tempo é notável e por isso o custo diminui consideravelmente, mas também o gosto é diferente, que neste caso significa qualidade.

Com o método Charmat temos um champagne constituído de vinhos imunizados, de sabor fresco e perfumes primários, ao passo que o gosto do champagne pelo método Champenoise é muito mais complexo. Contém aromas secundários devidos ao longo tempo de contato com as leveduras que o aromatizam mais e melhor.

O copo para apreciar um champagne, seja ele feito segundo o método Champenoise ou Charmat, não é mais na forma do seio de Madame Pompadour, mas um copo de cabo longo, a parte superior longa e estreita e seu fundo em forma de ovo. Na taça de Madame Pompadour, as bolinhas cheias de gás subiam em quantidade excessiva e muito rapidamente, fazendo perder logo sua *perlage* e com ela a sua graça e atrativo.

Isto porque a taça oferecia uma ampla superfície livre favorecendo a fuga do gás. No copo moderno ou "flute" o fundo de onde saem as bolinhas é pouco estreito e redondo, e ampla é a superfície livre onde elas estouram. Com pouco espaço para a sua formação e pouco por onde fugir, o gás é retido por mais tempo e o prazer de degustar também ou até que a temperatura do vinho perca a sua gradação ideal de serviço, que é abaixo dos 10ºC.

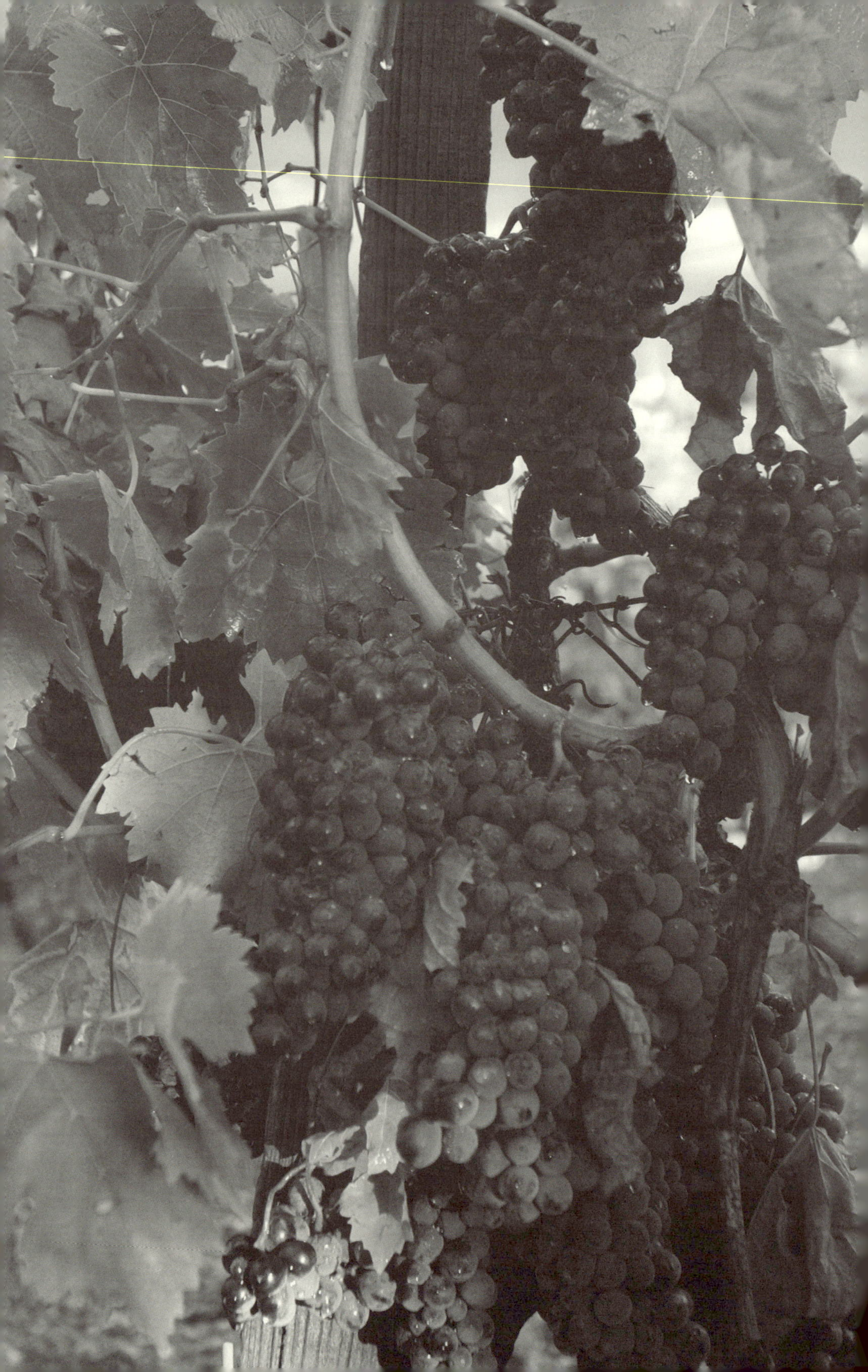

CAPÍTULO XII
AGRICULTURA BIODINÂMICA

Cultura biodinâmica significa observar e trabalhar a terra. A finalidade não é deixar a natureza fazer, mas fazer além dela, ou seja, ajudá-la para ter uma terra sempre mais fértil, da qual possam beneficiar-se também as gerações futuras com alimentos de plena qualidade que alimentam o homem e dão saúde.

O cientista austríaco Rudolf Steiner foi o fundador dos princípios segundo os quais se baseia a agricultura biodinâmica. Com seus estudos, no começo do século XX, já tinha trazido uma renovação positiva no campo da medicina, da pedagogia, da arte e da ciência, sempre aumentando o número de seus adeptos. A agricultura foi o último setor ao qual se dedicou e o fez a pedido de um grupo de agricultores que seguiam com crescente preocupação a aplicação dos modernos métodos de cultivo e em particular o aumento do uso dos adubos químicos e dos vários pesticidas.

Em todos os países ocidentais há um pequeno número (por sorte está aumentando) de agricultores, e entre eles vitivinicultores, que sentem a responsabilidade de manter uma terra sã e fértil e entendem qual a importância dos alimentos sadios para a saúde do homem.

A biodinâmica baseia-se em três pontos:

1º manter a fertilidade da terra com seu próprio ecossistema;

2º tornar as plantas sadias para que possam resistir às doenças e aos parasitas;

3º produzir alimentos da mais alta qualidade possível.

A biodinâmica parte do conhecimento global do planeta, que se adquire somente por meio de uma longa observação da natureza e de suas leis.

O homem conhece perfeitamente o mundo da matéria inorgânica e as leis da mecânica, mas se ele aplicar as leis daquele mundo acabará destruindo a vida que tem leis completamente diferentes.

A palavra biológico deriva do grego "bios", que significa vida, e "logos", que significa conhecimento; ou seja, é preciso adquirir o conhecimento da vida.

São características da vida a construção, a transformação,

o movimento. Ao contrário, as características da morte e da mecânica são a inércia, a estabilidade, a destruição.

A biodinâmica é descrita como um meio de cultivar sem adubos químicos e sem venenos. O princípio fundamental é ativar a vida na terra de maneira que as substâncias nela contidas possam ser liberadas e assimiladas pelas plantas na medida necessária. Este processo é devido à existência na terra (nos vinhedos) das lombrigas, de pequenos vermes e microorganismos que engordam a terra, mas com a constante destruição e morte vegetativa por causa dos adubos químicos, o processo se interrompe provocado um excesso de azoto no húmus que, por sua vez, provoca um desenvolvimento de bactérias que libertam o azoto e assim haverá uma perda do mesmo ao invés de ter uma inspiração.

Outro processo natural que caracteriza todos os organismos viventes e o sistema ecológico, é a auto-regulação, ou seja, a adaptação às condições externas; em poucas palavras, manter o equilíbrio da natureza. Ao contrário, esta característica é totalmente ausente no mundo inorgânico onde o prolongado uso de elementos químicos e dos inseticidas leva à destruição e não à construção.

A biodinâmica olha a terra como parte do universo e por isso sujeita às leis e às influências cósmicas. Sem o sol não haveria vida e graças à luz acontecem coisas maravilhosas. O sol determina o dia e a noite e as estações. A lua domina os líquidos, as águas, os vinhos, as marés. Na Europa ainda há agricultores que semeiam, podam, trasfegam e até degustam seguindo as fases da lua.

Como já dissemos a biodinâmica não é um método para ser aplicado mecanicamente, mas é uma maneira de utilizar as forças naturais que chegam a ajudar e estimular a própria natureza.

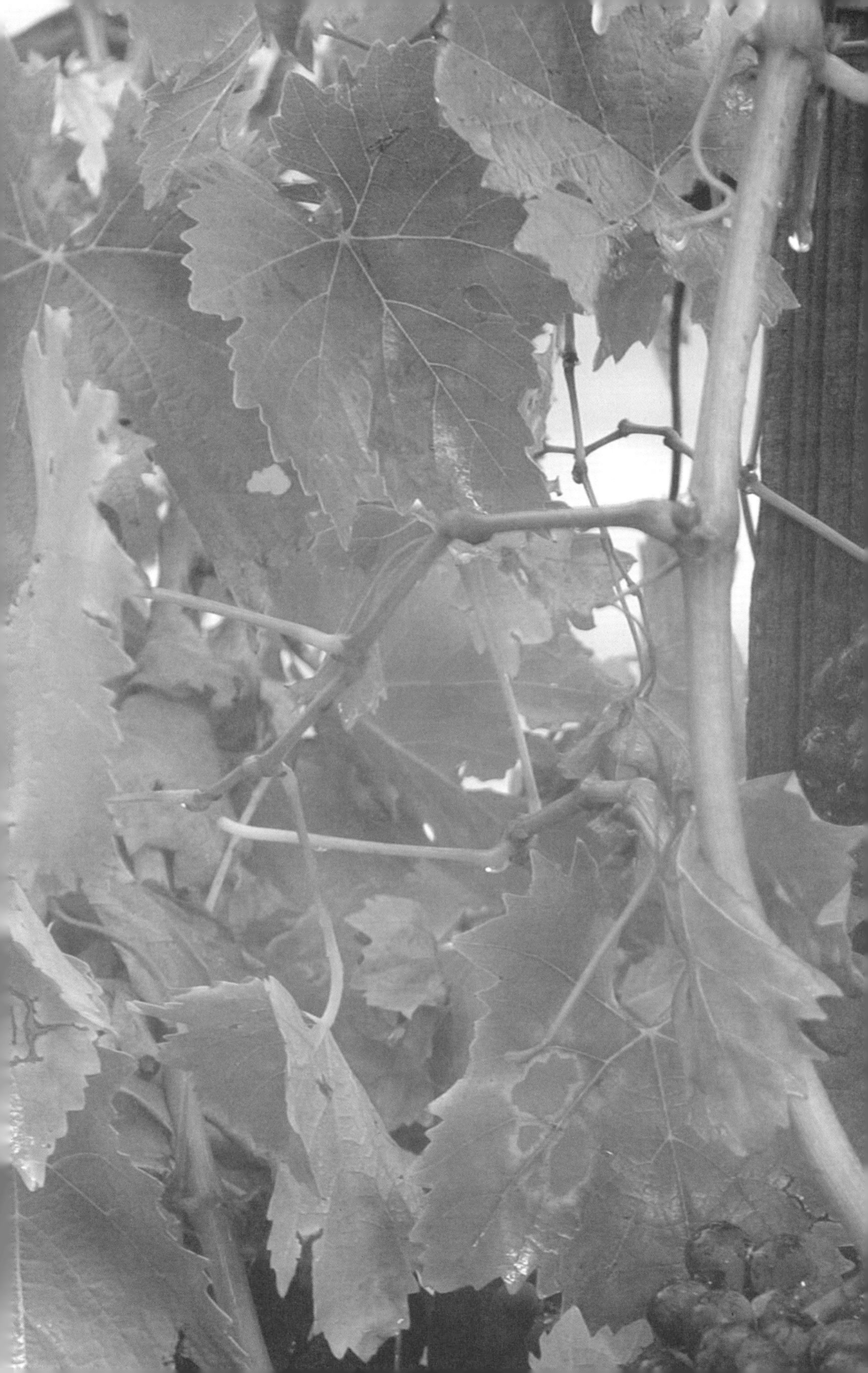

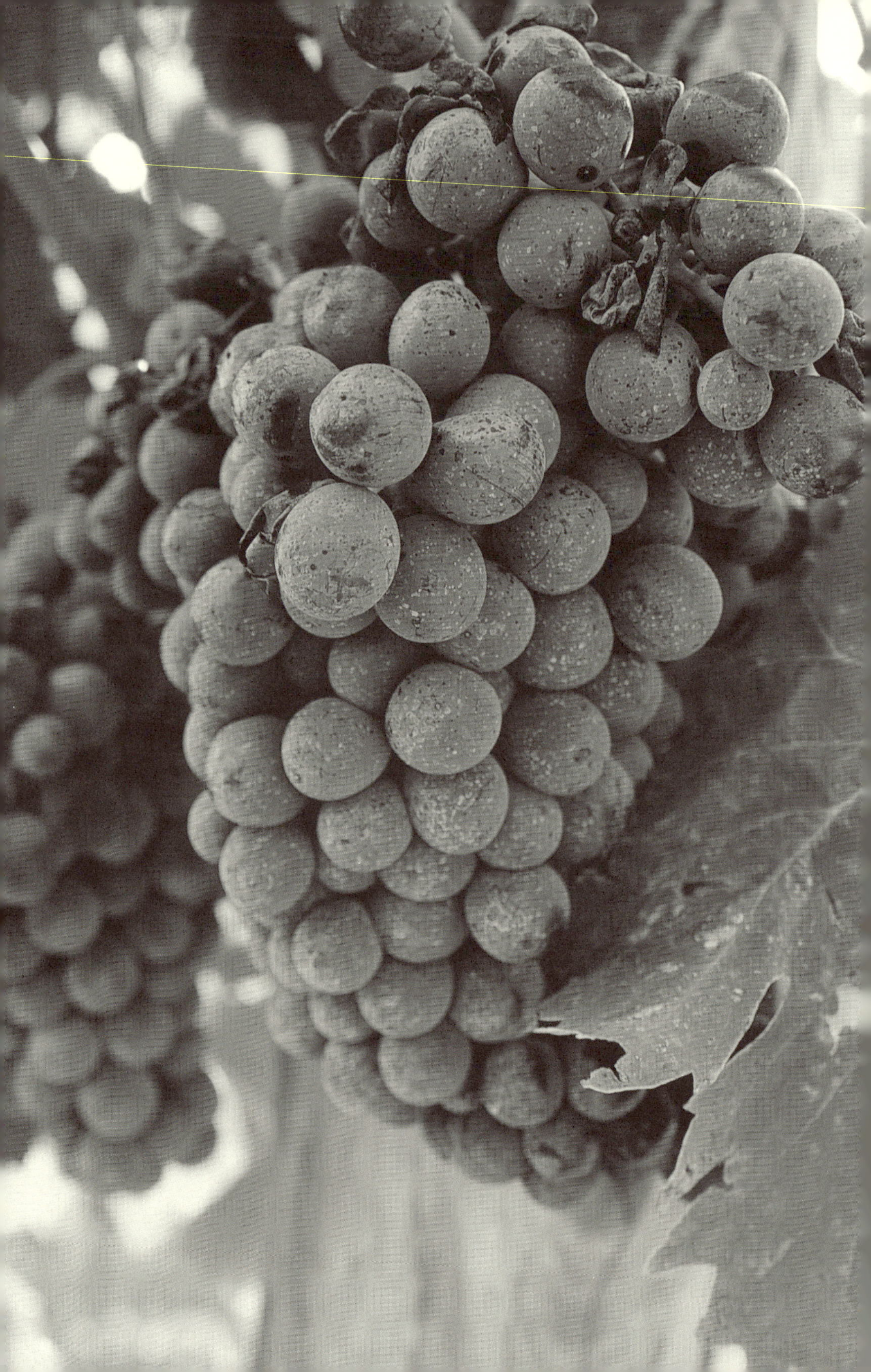

CAPÍTULO XIII
A VOLTA AO FUTURO

A mais de uma década o fenômeno biológico é reconhecido e regulamentado na União Européia e acredita-se que isto constituirá, no futuro, uma realidade em crescimento destinada a se confrontar com as produções convencionais. É nossa convicção que haverá um crescimento não tanto quantitativo, mas qualitativo do vinho não derivante da competitividade do mercado, hoje global, mas muito mais pelo aprofundamento das técnicas produtivas.

Vai se difundido sempre mais a propaganda dos "alimentos orgânicos", dos "produtos frutos da agricultura biológica". O consumidor poderá decidir-se se escolhe um produto convencional procedente da grande indústria ou um produto de agricultura biológica. Mas quais serão as diferenças entre um produto convencional e um derivado de agricultura biodinâmica? Na agricultura biodinâmica existem normas bem claras, embora não rígidas. Para poder declarar que um vinho é orgânico quando procede de agricultura biodinâmica e seu caminho, do mosto à garrafa, não é atravessado por uma alquimia mais ou menos complexa, povoada de operadores e operações, com o tempo sempre mais específicas e especializadas, como controle da fermentação, trasfegas, clarificação, adjunta de aditivos e corretivos (não proibidos), ácidos, enzimas, antimicróbicos, etc.

O biodinamismo ensina: 1º) o melhoramento do solo e das plantas pela preparação de matérias de origem vegetal, animal e mineral; 2º) aplicação desses preparados no momento oportuno em função do ciclo vegetativo da vinha em relação ao calendário lunar; 3º) o trabalho do solo pelo cultivo e perseverança. O tratamento tem a finalidade de favorecer o entrosamento entre o solo, as raízes e a folhação da videira, de modo a permitir ao "terroir" sua máxima expressão nas uvas.

Após a erradicação das videiras contaminadas pelos herbicidas e agrotóxicos, os fungos responsáveis pelas doenças permanecem nas raízes restantes no solo e podem infectar as novas videiras. Para evitar riscos de contaminação é preciso que a terra descanse pelo menos de 7 a 8 anos. Durante este período de repouso é praticada a cultura de cereais e leguminosas alternativamente que favorece a reconstituição da estrutura do solo e reserva de húmus. Calculando mais 4 ou 5 anos para as novas videiras dar fruto, chegamos a um total de 12 ou 13 anos de intervalo entre uma safra atual e uma futura.

Vinho orgânico é vinho produzido com uvas cultivadas sem

o uso de adubo químico, sintético, herbicida ou inseticida. Na Europa o vinho orgânico é definido como "vinho elaborado com uvas cultivadas organicamente". Os vinhos derivados de uva de vinhedos orgânicos não podem ser rotulados como sendo vinho orgânico, mas como sendo vinho elaborado com uva de vinhedo orgânico. Fora da Europa poderá ser rotulado como "vinho elaborado com uvas de viticultura orgânica". Na Califórnia, pela legislação local, vinho elaborado com uva de vinhedo orgânico, sem conservante como o SO^2, pode ser denominado de orgânico.

Em defesa da viticultura biológica são permitidos alguns fungicidas e inseticidas homologados.

Um é o cobre sob forma de sulfato e de oxiclorete. Outro é o enxofre usado na pulverização e polvilhamento no período do ciclo vegetativo e risco parasitário. Esse, combate o oidio, os ácaros e as aranhas amarelas e vermelhas. O inseticida chamado bacilo "thuringensis", a peritina, a rotenona atuam contra uma variedade grande de insetos e agem quase todos por contato e ou ingestão. Outros tipos de inseticidas são proibidos.

Na Europa a produção de uva na viticultura biológica é regulamentada, mas a transformação desta em vinho, ainda não. Por isso nem todos os vinhos orgânicos são produzidos da mesma forma. Diante disso existe uma norma que regulamenta a produção de vinho de agricultura biológica na qual é proibido o uso de:

1º) Microrganismos oriundos de engenharia genética

2º) Produtos provenientes de matéria orgânica de engenharia genética

3º) Produtos químicos de síntese

São obrigatórios:

1º) Os produtos físicos em lugar de químicos

2º) Assegurar a transparência

3º) Reduzir ao máximo o SO^2 no vinho comercializado.

A grande diferença entre os vinhos orgânicos (os antigos e os convencionais - os que bebemos) é que os orgânicos não têm disfarce, não são maquiados ou o são em dose mínima e com produtos permitidas por lei.

É obvio que para fazer um vinho de qualidade é necessária uma ótima terra que, para que possa manter-se nas condições ideais, deve ser adubada com adubo natural, que os produtores estão procurando. Depois de vários anos de trabalho intensivo, os terrenos plantados apresentam quantidade excessiva de metais que devem ser desmineralizados. Os produtores dos Langhe (Piemonte) têm um projeto para construir um centro de recolhimento de adubo natural gerado por vacas que se nutrem em modo natural.

Alguém pode questionar se tudo vai mudar? É provável, embora seja um processo muito, muito lento que alcançará várias gerações. Assim o vinho tende a voltar às origens e não existirá mais a dúvida se será potável conforme os novos métodos ou se será intragável. Sem dúvida será otimamente agradável porque os conhecimentos técnicos que o produtor adquiriu, contribuirão para isso. Será a volta dos vinhos do meu nonno Attilio, muito melhorados, genuínos que hoje são chamados impropriamente de vinhos biológicos.

A volta aos vinhos orgânicos é uma esperança escondida no coração de muita gente e, ao que parece, esta esperança está para se tornar realidade visto os movimentos nesse sentido em vários países, dentro da vitivinicultura moderna. Será a volta ao futuro. Apesar das dificuldades expostas (tempo e dinheiro) a Europa está financiando um grande projeto que envolve onze partners dos principais países europeus produtores de vinho e é coordenado pela AIAB (Associação Italiana de Agricultura Biológica). O projeto ORWIN teve início em fevereiro 2006 com término previsto em 2009, para poder avaliar as atividades experimentais de três colheitas.

Para o mundo do vinho é um momento de reflexão porque na Itália já chegaram a 16 exposições nacionais de vinho biológico, organizadas pela Lega Ambiente. Foram 162 expositores italianos, 49 vinhos vieram da Argentina, Áustria, França, Alemanha, Grécia, Espanha, todos rigorosamente biológicos. Na última premiação foi notado um considerável aumento da qualidade desses vinhos confirmada também pela presença de quase 100% de vinhos DOC, DOCG e IGT.

Podemos comparar a volta ao vinho orgânico a um trem que sai da estação devagar, para depois adquirir velocidade. Não é fácil para os produtores decidir sobre este tipo de escolha que envolve principalmente disponibilidade de fortes capitais. Mesmo assim na Itália a área dos vinhos biológicos, em 2004, já era de 32.305 hectares.

O ruim da vinicultura moderna é querer obter o máximo com um mínimo custo. Porém para isso foi necessário aplicar uma tecnologia que destruiu tudo. Ninguém mais mostra como fazer um bom vinho, mas uma tecnologia que funciona para a indústria. Produtos típicos da indústria são os beujolais nouveax e os novelli, que respondem ao "tudo já". Precisa entender que o vinho é como o homem: são necessários anos até que fique adulto e o vinho precisa de pelo menos três anos para que seja digerível. Acelerando o processo de maturação, após algum tempo não se encontra mais nada na garrafa. Certo dia em 2002, o famoso vinhateiro Josko Gravner de Oslavia (Colli Orientali del Friuli), que vinifica em ânforas, disse que "a malolatica não deveria preocupar, nem ser induzida, pois é o vinho que resolve quando e se fazê-la ou não. Deixando o vinho na pipa três anos podem estar certos que a faz e tudo biologicamente se ajusta e no fim obtém um vinho rico em leveduras, bactérias e enzimas, até resistente aos ataques que hoje são prevenidos com a química. O resultado é um vinho e não uma bebida".

Há somente 40 anos percebeu-se que era necessário o controle da temperatura e foi desde aquela época que entraram o cimento e o aço inox; mas há 5.000 anos, lá no Cáucaso, não havia controle de temperatura, porque o vinho era feito em ânforas e o vinho nas ânforas não precisa de controle de temperatura.

Este modo de vinificar é difícil ser aceito pelos grandes nomes da vitivinicultura mundial também porque todo jornalismo é perfilado para aplaudir vinhos novidade e considerá-los potáveis como grandes vinhos mesmo de poucos meses após a vindima.

A globalização está em andamento e é evidente que querer vinificar sem a ajuda da tecnologia equivale a se colocar na contramão e pode atrapalhar; mas o verdadeiro vinho é esse aí que bem ou mal está iniciando um processo inevitável que tende somente a melhorar a qualidade. Mesmo não dispondo de um bom terroir, é suficiente adicionar elementos externos com tecnologia e outros ingredientes para apresentar vinhos totalmente perfeitos, quanto irreconhecíveis.

Nos vinhos modernos são muito usadas as barriques de carvalho novo seja qual for a procedência; mas com uma longa maceração sobre as cascas, as barriques não são mais necessárias. Aliás são as barriques que tendem a igualar todos os vinhos. A este propósito pode-se objetar que na França é amplamente difundido o uso das barriques mas é também verdade, muitos sabem disso, que se certos Bordeaux não tivessem o aporte de taninos, não teriam sabor.

Com a tal globalização, por pior que seja, é feito o vinho para os gostos internacionais. Essa é uma realidade, mas Josko

Gravner diz que: "mais cedo ou mais tarde, mesmo pagando alguns bons técnicos, se chegará ao êxito desejado: fazer o vinho que o Parker, ou quem por ele, gosta".

A vitivinicultura biológica é uma antiga novidade que volta enriquecida de conhecimentos tecnológicos, mas que preserva a higiene e pureza de quanto nos oferece a natureza. Os produtores estão se mantendo fiéis às normas existentes, embora devam ser aperfeiçoadas e ratificadas por todos os países do mundo produtores de vinho. As normativas são bastante claras especificando quais os produtos que podem ser usados com as plantas e quais os adubos para o solo, com a finalidade de não criar problemas para os agrônomos.

O que haverá num futuro a médio ou talvez longo prazo, será uma vitivinicultura dividida em duas partes: uma atual e uma biológica.

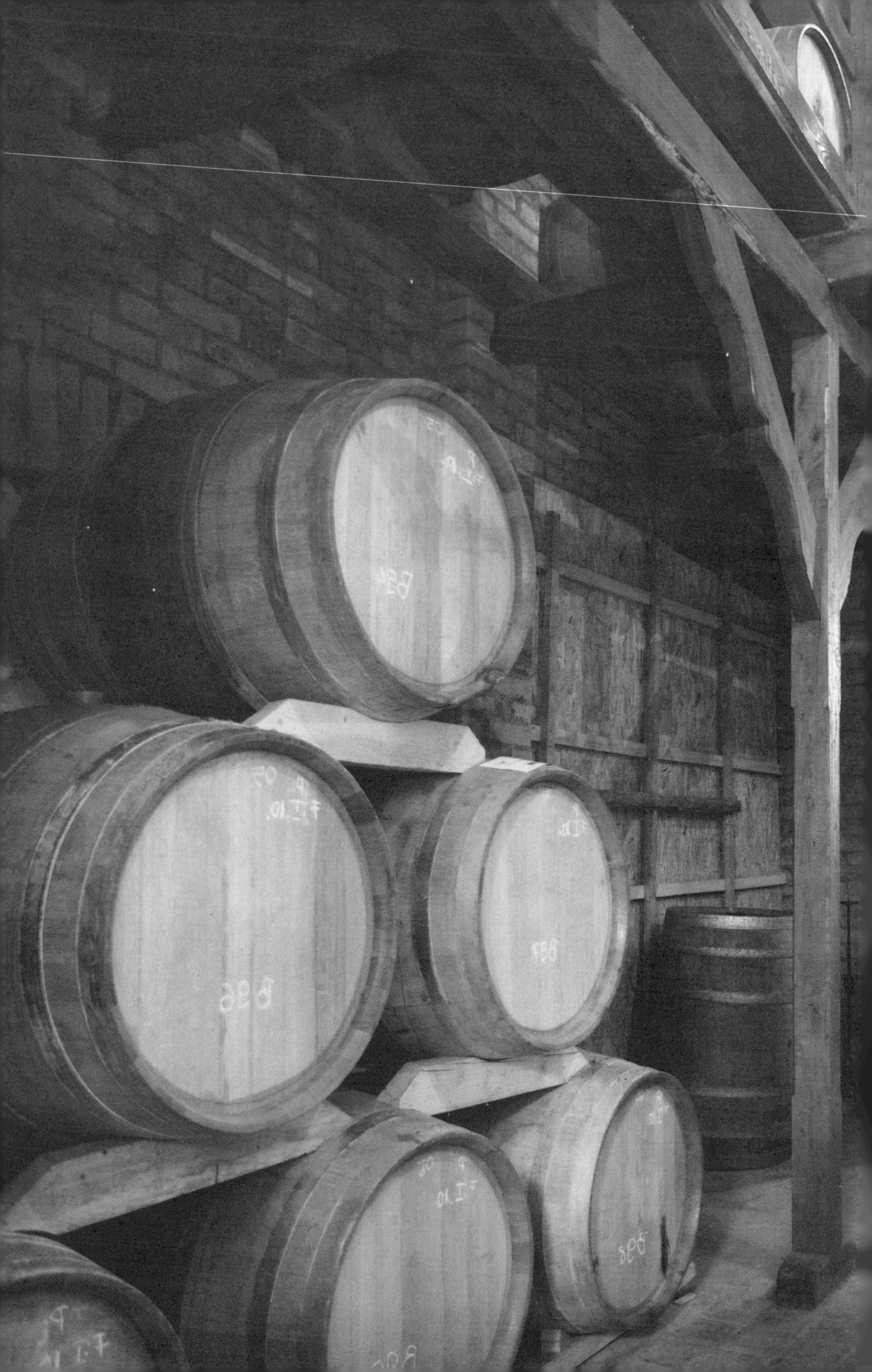

CAPÍTULO XIV
O VINHO BIOLÓGICO

O vinho, desde seu nascimento como bebida potável e comerciável, tem passado por muitas mutações e mudanças sempre se atualizando com os tempos. A lógica nos faz pensar que o vinho mais puro, mais genuíno foi o primeiro vinho a ser feito. Um puro suco de uva fermentado, seguramente turvo, tânico e amargo, mas genuíno.

Terá sido este o Néctar que Ebe e Ganimede serviam à corte dos deuses no alto do Monte Olimpo? Ou aquele que embebedou Noé?

Com o tempo se livrou das impurezas, do amargor, tornou-se límpido e depois brilhante. Tingiu-se de cores desde o quase branco papel, amarelo esverdeado, amarelo palha, dourado, rosado, vermelho quase roxo, rubi, grená. Com suas cores mudou seu gosto tentando agradar aos paladares dos consumidores que mudava continuamente, sempre procurando algo novo e mais sofisticado.

Os primeiros a se beneficiar dessa nobre bebida foram os habitantes do Cáucaso e em seguida os povos da bacia do Mediterrâneo que a levaram aos mais longínquos recantos do mundo então conhecido. As cepas das uvas viajaram pelos mares alcançando todos os continentes; e em todos os lugares onde foram levadas, se estabeleceram e deram frutos. A uva frutificou agradando os homens que lá moravam e deixando-se modificar conforme suas vontades; surgiu aquela metamorfose que parece não ter fim. Cada produtor, esteja ele onde for, quer deixar sua marca, quer ser diferente, quer ser o melhor. Para modificar essa bebida, precisa intervir, se não em sua estrutura pelo menos em seu complexo em geral. Mesmo os países sem nenhuma tradição em vitivinicultura querem impor-se com algo que os diferencie dos outros e com isso chegamos ao vinho maquilado que é aquele descrito nos capítulos anteriores. Os vinhos modernos são apresentados ao público, talvez por razão de marketing, como as modelos são apresentadas na passarela num desfile de moda. Até o presente o vinho nos proporcionou grandes alegrias e uma enorme possibilidade de escolha de variedades, mas nivelando no gosto todas as mesmas cepas, embora de procedências diferentes.

Já demos, em outra sede, nossa opinião sobre a incipiente globalização que fatalmente limitará nossa escolha entre Cabernet, Merlot, Chardonnay, Siraz ou Sirah e falando inglês. Isto não é nada bom para os amantes dos bons vinhos, mas mantendo-os genuínos e sem maquilagem, o sacrifício será prazerosamente suportável. O que não será possível suportar será a introdução do vinho OGM. A notícia vem de Strasburg onde o Parlamento Europeu deu o primeiro passo em direção ao vinho geneticamente modificado. Foi aprovada uma relação de consultas, que no futuro poderá chegar a permitir a produção do vinho transgênico. Isso seria a morte. Seria o miserável fim de um produto cuja riquíssima e gloriosa história e cultura são patrimônio da humanidade. Seria um fim inglório, certamente manipulado com finalidades especulativas.

A globalização poderá ser combatida e conseqüentemente retardada, mas as uvas transgênicas poderão ser colhidas em menos de um lustro e o que chegará em nossas mãos, só Deus sabe o que será. Assim, desta forma teremos perdido a escolha nas variedades, mas teremos algo para beber que não será mais o vinho nobre romântico, divino que chegou até nossos dias trazendo consigo aquela carga de perfumes, sabores e cultura que com os transgênicos desaparecerão por completo, de uma só vez e nos deixando na dúvida se será oportuno, pela nossa saúde, bebê-los ou se será melhor voltarmos nossas atenções para a água como no início do mundo, sempre que também a água não seja poluída.

Mas antes de pensar trágica e alarmisticamente no vinho transgênico, temos que pensar no vinho de nossos dias que é vinificado com auxílio da química moderna desde o vinhedo até o engarrafamento. Se esse sistema de trabalho garante um mínimo de quantidade de uva e um mínimo de qualidade, o gosto de cepas iguais tornou-se igual embora os vinhos estejam sendo produzidos em partes variadas do mundo, separados por milhares de milhas.

Os vinhos modernos, aqueles que o gosto do consumidor preferiu, estão se tornando todos iguais. São como os sanduíches da MacDonalds: em todo o mundo são iguais. Está-se perdendo a diferença entre um Cabernet Sauvignon do Chile com um da Austrália, ou de um Merlot do Friuli e um de Portugal. Embora os vinhos feitos dessa forma sejam higienicamente os melhores, têm perdido sua graça tanto que fez surgir em alguns produtores a idéia de mudar e voltar ao passado.

Deus nunca abandona o homem.

Durante a composição desse volume me chegaram notícias que muitos agricultores abandonaram e outros estão abandonando as práticas atuais de fazer vinho para voltar às origens, de quando o vinho era natural, aquele vinho hoje chamado orgânico. Conheci o vinho orgânico na época em que só existia este.

Lembrei-me então com muita saudade do meu nonno Attilio de quem recebi o meu batismo "báquico" e me iniciou no mundo do vinho como descrevi no capítulo V.

Eu era um garoto de mais ou menos oito, dez anos quando o ajudava a engarrafar o vinho e durante a operação me contava histórias de sua juventude; de quando trabalhava nas minas de carvão na Pensilvânia; de como fazia carvão vegetal na Maremma toscana e como fazia o seu próprio vinho com as uvas colhidas em seu pequeno vinhedo no extremo norte do território do Chianti.

Até então nunca tinha tido uma experiência desse tipo, mas infelizmente aos 18 anos vivi todo o ciclo da videira desde a hibernação invernal à poda seca, à poda verde na primavera e a vindima com conseqüente extração do vinho. Disse infelizmente porque isto me aconteceu entre dezembro de 1943 e outubro de 1944, em plena 2a guerra mundial.

Na época, quando o vinhateiro achava que as condições atmosféricas e climáticas eram favoráveis e que a lua estava na fase certa e que a uva era madura, ela era colhida totalmente no mesmo dia independentemente do tipo de cepa. Atualmente é o enólogo quem decide quando colher, que tipo de uva, sem quase tomar conhecimento da meteorologia e tanto menos da fase da lua.

Aqui cabe uma informação importantíssima que é a seguinte: os vinhedos eram áreas intactas com vida biológica própria e um ecossistema equilibrado. Os bagos eram recobertos de abundante pruína rica em leveduras naturais. Hoje praticamente todos os mesmos vinhedos são sem vida, podem ser comparados a um deserto.

Os métodos de colheita da época eram diferentes dos de hoje, mas em princípio eram os mesmos. As uvas deviam ter alcançado um grau mínimo de amadurecimento e depois eram colhidas mais ou menos tardiamente conforme o vinho a ser produzido. As uvas na cantina eram pisadas, amassadas com os pés em pequenos recipientes, ou nas chamadas "bigunças", feitas com pau, e logo em seguida despejadas nas tinas de fermentação. Aqui nasce a diferença entre o mosto de então e o atual. Aquele mosto iniciava naturalmente a fermentação, ao passo que o mosto de hoje não decola por falta de leveduras naturais. Os herbicidas e os agrotóxicos usados nos vinhedos têm destruído a vida e desequilibrado o ecossistema. Nesse caso o mosto fermentará somente com aporte de leveduras selecionadas criadas em laboratório. Com isso torna-se claro que já de partida todos os mostos tornam-se iguais.

Os mostos de agora são desinfetados, por garantia, com anidrido sulfuroso e metabisulfito de potássio. Antigamente não se desinfetava o mosto, mas se procedia a uma queima de enxofre dentro das pipas onde se desenvolvia um gás sulfúrico que desinfetava o recipiente receptor do vinho. Como não se medicava o mosto, o primeiro vinho era chamado de *vinho fiore* ou de sangria, super puro e muito saboroso. Podia ser comparado ao azeite extra virgem de primeira prensagem, a frio.

Depois da fermentação, cuja temperatura era controlada empiricamente, aconteciam as várias trasfegas e a clarificação. O vinho nos tonéis, com a temperatura baixa do inverno e das adegas, chegava à sua estabilização mantendo todos os elementos que o compõem, tais como os açúcares, os ácidos, os taninos, as substâncias odorosas, os gases, o oxigênio, o anidrido sulfuroso, as vitaminas. Depois de pronto e clarificado, o vinho era engarrafado, ou não, e ia para o seu destino que era o mercado para o vinho jovem e a pipa, para aquele destinado ao envelhecimento. Em substância esse era o vinho antigo, hoje chamado de vinho orgânico.

Sobre esse vinho está crescendo uma discussão e uma polêmica que parece não ter fim, pondo em dúvida se, no gosto, os vinhos orgânicos são melhores ou piores dos atuais. Não são melhores nem piores, apenas são diferentes, mas com as técnicas modernas, sem usar artifícios, nem elementos que não sejam naturais, serão tão bons quanto os considerados bons dos atuais.

A produção não será totalmente manual, mas não vejo nada de artificial ou deturpante e tanto menos químico, se, por exemplo, em vez de usar a pisa a pé, se usufruir da desengaçadeira e das prensas mecânicas e ou pneumáticas; se a tina de fermentação não será de madeira, mas de aço inox; se a clarificação não será por decantação, mas com outros meios (por exemplo com clara de ovo); se no lugar das grandes pipas são usados tanques de aço inox ou pequenas barriques de carvalho novo; se o controle da temperatura não será mais empírico, mas com termômetro; se a remontagem do mosto não será mais manual, mas com pás mecânicas ou bombas hidráulicas. No final, se a filtragem não será violenta, todos esses recursos, antigamente desconhecidos, só poderão melhorar os vinhos antigos em seu aspecto, nos perfumes que serão mais acentuados e no sabor que será indiscutivelmente mais gostoso.

Uma coisa é certa: nas garrafas guardadas por um bom tempo tornará a formar-se uma borra depositada no fundo, ou uma camisa nas paredes da garrafa. Alguém tem reparado que os vinhos modernos ou atuais, como querem ser chamados, não formam mais borra e tanto menos camisa porque a grande maioria dos elementos vivos do vinho foram destruídos. No máximo podemos encontrar, nos vinhos jovens, uns poucos cristais de bitartrato de potássio que, por precipitação, se depositam em parte nas paredes, no fundo da garrafa e na rolha.

Com certeza as discussões não terminarão, mas continuarão como se discute agora e por todos os anos em que se colherão as uvas e se produzirão os vinhos.

Alguém pode questionar se tudo irá mudar. Bem, minha modesta opinião é que também o vinho está enquadrado na história da humanidade, ou seja, tudo se repete embora de forma diferente. Assim o vinho tende a voltar às origens e não existirá mais a dúvida se será potável conforme nossos gostos ou se será trucado. Sem dúvida será otimamente agradável porque os conhecimentos que os produtores adquiriram, contribuirão para isso. Mas nada, nada mesmo, mudará? Claro! Haverá mudanças como a quantidade das uvas colhidas que será, como também o vinho produzido, menor e conseqüentemente mais caro.

Porém não haverá Cabernets todos iguais, seja qual for a procedência, como está acontecendo atualmente. Haverá cabernts sim, mas todos diferentes entre eles, frutos naturais de seus terroirs de origem, nivelados somente pelo nome e não pelo gosto.

Será a volta aos vinhos do meu nonno Attilio muito melhorados, super genuínos ou quase, hoje chamados de "vinhos orgânicos ou procedentes de vinhedo biológico".

O que impede um rápido e maciço retorno dos vitivinicultores ao antigo sistema é o alto custo de transformação das vinhas que somente poucos estão dispostos a enfrentar.

O caminho certo e único para devolver à terra o que lhe foi tolhido, é praticar a agricultura biodinâmica. O equilíbrio entre as plantas e o meio ambiente foi quebrado e é preciso restaurá-lo. Na prática do biodinamismo é permitido somente o uso de cobre em pequenas proporções e enxofre. Como antigamente! Sulfato de cobre e pulverização de enxofre. Como fazia o meu nonno.

No Veneto havia um pássaro migrador que chegava aos vinhedos, procedente da África. Com o uso pesado dos agrotóxicos o pássaro sumiu, tornou-se raro e membro de uma espécie em extinção. Atualmente nos vinhedos que produzem vinhos orgânicos, o pássaro voltou.

É o Oriolus ou Riolus, chamado na Itália de Rigoloto, vulgo Becca-fico (Papa-figos). Chega em meados de junho após a floração das videiras e sua ação ajuda a combater as pragas; alimenta-se de insetos, bagas e frutas e das aranhas amarelas e vermelhas que sempre foram entre os maiores parasitas e inimigos da videira.

Os herbicidas destroem a vida dos microrganismos do solo e prejudicam a vinha. As plantas desequilibradas atraem parasitas e doenças, e os produtos usados no tratamento provocam distúrbios no solo. Desta forma o "terroir" perde sua influência e o vinho sua tipicidade.

Os vinhos modernos ou convencionais, ninguém pode negar, são verdadeiramente muito bons, agradam demais o paladar. Eles tem aromas de sonho. Neles podem ser detectados os perfumes dos mais delicados e etéreos, aos mais possantes que inebriam o degustador. Os gostos são os mais variados, vão da fruta tropical ao tabaco, ao gudron. E os vinhos ecológicos possuem todo este patrimônio? Não, pelo menos não desta forma.

Num filme chamado Mondovino aparecem algumas das mais importantes, influentes e competentes figuras da atual enologia mundial, sendo eles o Sr. Michel Rolland, grandíssimo enólogo, consultor de várias vinícolas em todo o mundo e também no Brasil; Mr. Parker, amigo de Michel Rolland há mais de 20 anos, e competente julgador de todos os vinhos novos produzidos; Mr. Robert Mondavi, que foi a locomotiva da moderna enologia norte-americana e seus filhos; os internacionalmente famosos produtores com tradição de mais de sete séculos como os Marqueses Frescobaldi e Antinori. Todos os personagens de luxo da enologia mundial e de uma certa forma produtores de verdadeiras obras-primas como o Opus One (Mondavi-Rotchild); o Luce (Mondavi-Frescobaldi); o Sassicaia (Incisa della Rocchetta), Solaia (Antinori) e outros mais, igualmente famosos.

Por mais "bonzinho" que sejamos, nos parece bem difícil, se não impossível, que um terroir, seja ele fabricado onde for, o melhor e mais abençoado por Deus, possa dar vinhos quase perfeitos como esses. Não existe no mundo o tal Éden. É fácil deduzir, sem tirar a habilidade profissional de ninguém, que os vinhos convencionais, quem mais quem menos, são manipulados pelo homem o suficiente para torná-los o mais agradável possível. Esta manipulação eu chamo de maquiagem, na qual os franceses são pioneiros e mestres.

Continuando no filme, um dos personagens, um vinhateiro francês diz que "pode se fazer o melhor vinho em qualquer lugar respeitando três itens, um dos quais é . . .chamar Michel Rolland".

Arco-Íris

VINO IGT

PRODUZIDO E ENGARRAFADO
POR ANGELO VERDI
VIA DELLE NESPOLE, 26 - COLLEROSA (PT)

75 cl   12,5%

CAPÍTULO XV

O RÓTULO DO VINHO BIOLÓGICO

A indústria alimentar e a globalização dos mercados têm tornado possível a produção de alimentos com características de gosto, sabor, e aroma totalmente standardizados para serem agradáveis a um mercado global e poder distribuí-los em qualquer lugar do mundo.

Isto leva à fácil descoberta de alimentos visivelmente atraentes, mas com características organolépticas insuficientes para uma sã alimentação e, muito de freqüente, contêm substâncias que mesmo não tóxicas, deixam muitas suspeitas. É verdade que é muito confortável puxar um produto das prateleiras dos inúmeros hipermercados, mas também é verdade que está aumentando diariamente o número de consumidores que preferem gastar um pouco mais em tempo e dinheiro para tornar a apossar-se do prazer de sentar-se a uma mesa com o gosto de comer alimentos saudáveis e reencontrar os sabores únicos da tradição gastronômica italiana e também de outros países, sabendo de ser, neste modo, pessoas ativas em defesa da saúde e do ambiente.

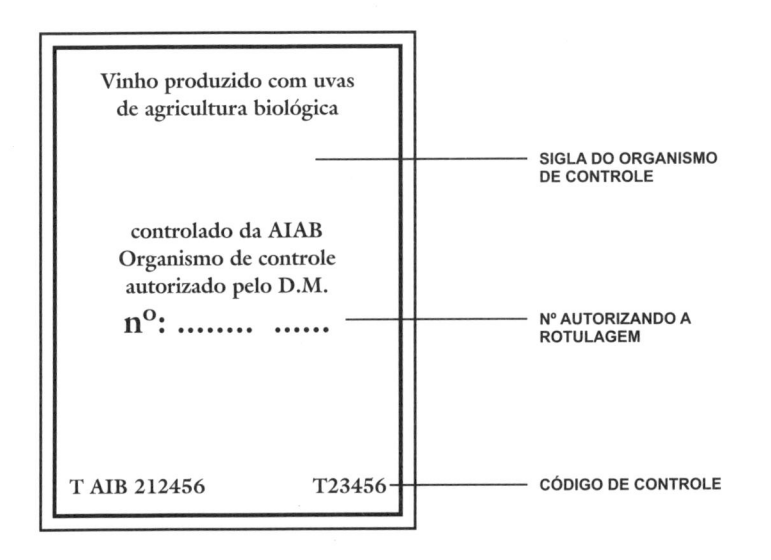

Arco-Íris
VINO IGT

PRODUZIDO E ENGARRAFADO
POR ANGELO VERDI
VIA DELLE NESPOLE, 26 - COLLEROSA (PT)

75 cl   12,5%

- NOME FANTASIA (FACULTATIVO)
- TIPO SW VINHO (OBRIGATÓRIO)
- NOME DO PRODUTOR E SEDE
- GRADAÇÃO ALCOÓLICA
- CONTEÚDO

Vinho produzido com uvas de agricultura biológica

controlado da AIAB
Organismo de controle
autorizado pelo D.M.
n°: ....

T AIB 212456   T23456

- SIGLA DO ORGANISMO DE CONTROLE
- Nº AUTORIZANDO A ROTULAGEM
- CÓDIGO DE CONTROLE

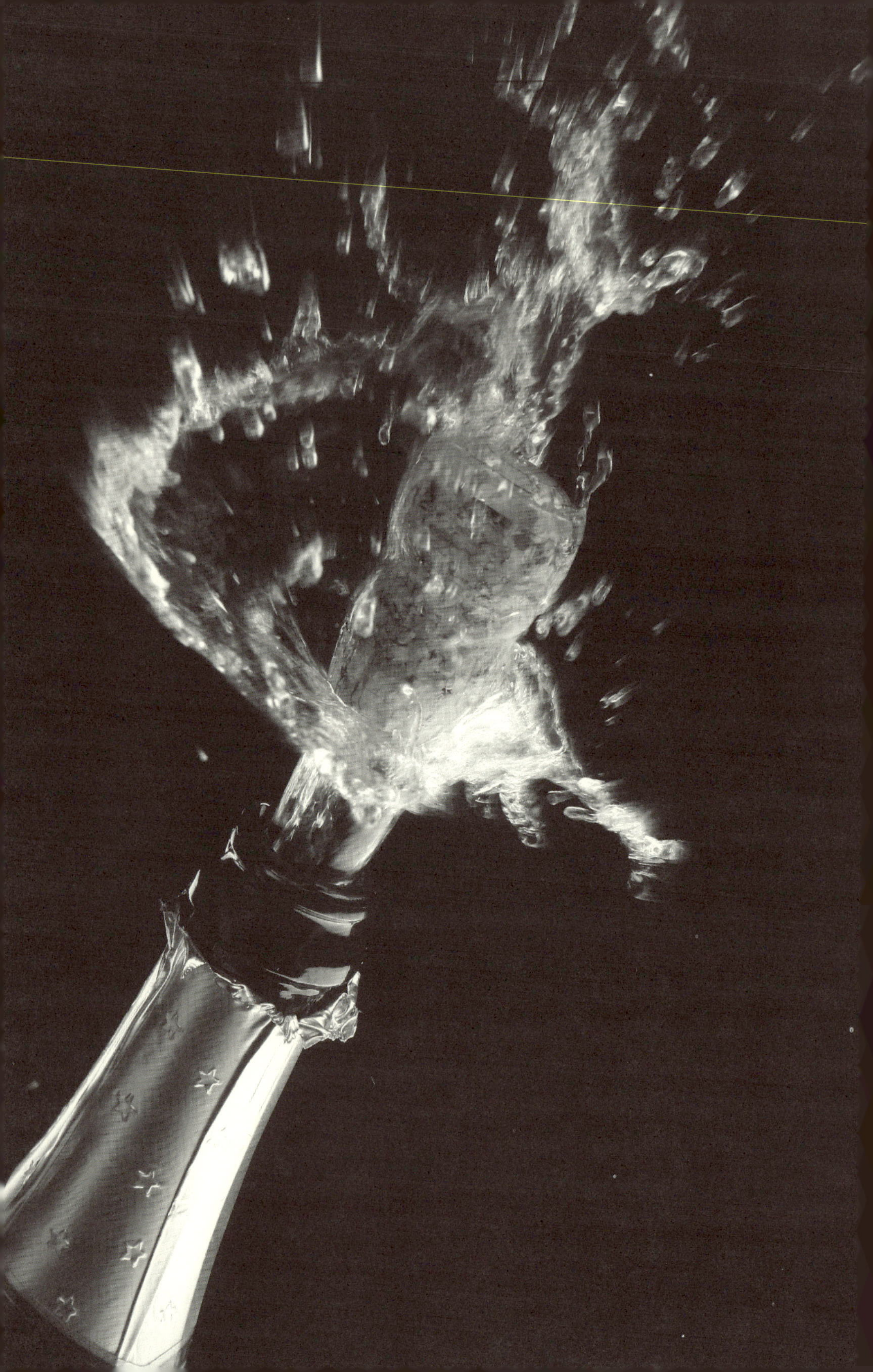

CAPÍTULO XVI

UMA VISÃO ORGÂNICA DO VINHO PROSECCO

É justamente em Soligo, na Província de Treviso (Itália), exatamente nas terras do Prosecco, no triângulo delimitado entre Soligo, Conegliano Veneto e Valdobbiadene, que a Itália pode orgulhosamente ostentar uma de suas pontas de excelência, na produção de vinhos Prosecco de uva biológica. A empresa responsável é a Perlage que, já faz 25 anos, adotou exclusivamente técnicas de agricultura biodinâmica para suas próprias produções, numa mistura equilibrada feita de experiência, tradição, evolução técnico-científica e respeito pelo ambiente. No mês de fevereiro de 2006, com o Prosecco de Valdobbiadene DOC Col di Manza, produzido com uvas de agricultura biodinâmica, a empresa recebeu a Marca Comercial International Demetes, que garante a alta qualidade do método da agricultura biodinâmica.

Com isso não quero dizer que o Prosecco espumatizado seja

um champagne, mas é um espumante de todo respeito e não apenas medíocre, segundo alguns. O que está acontecendo com ele é mais ou menos o que aconteceu com o Chianti várias décadas atrás. Como na Toscana, foram surgindo produtores em número excessivo pela quantidade potencial do território e fatalmente a qualidade caiu. Está em andamento um processo para que as terras circunscritas no triângulo acima mencionado, sejam um "território demarcado" e os Proseccos ali produzidos terão uma marca exclusiva que os define como legítimos Prosecco.

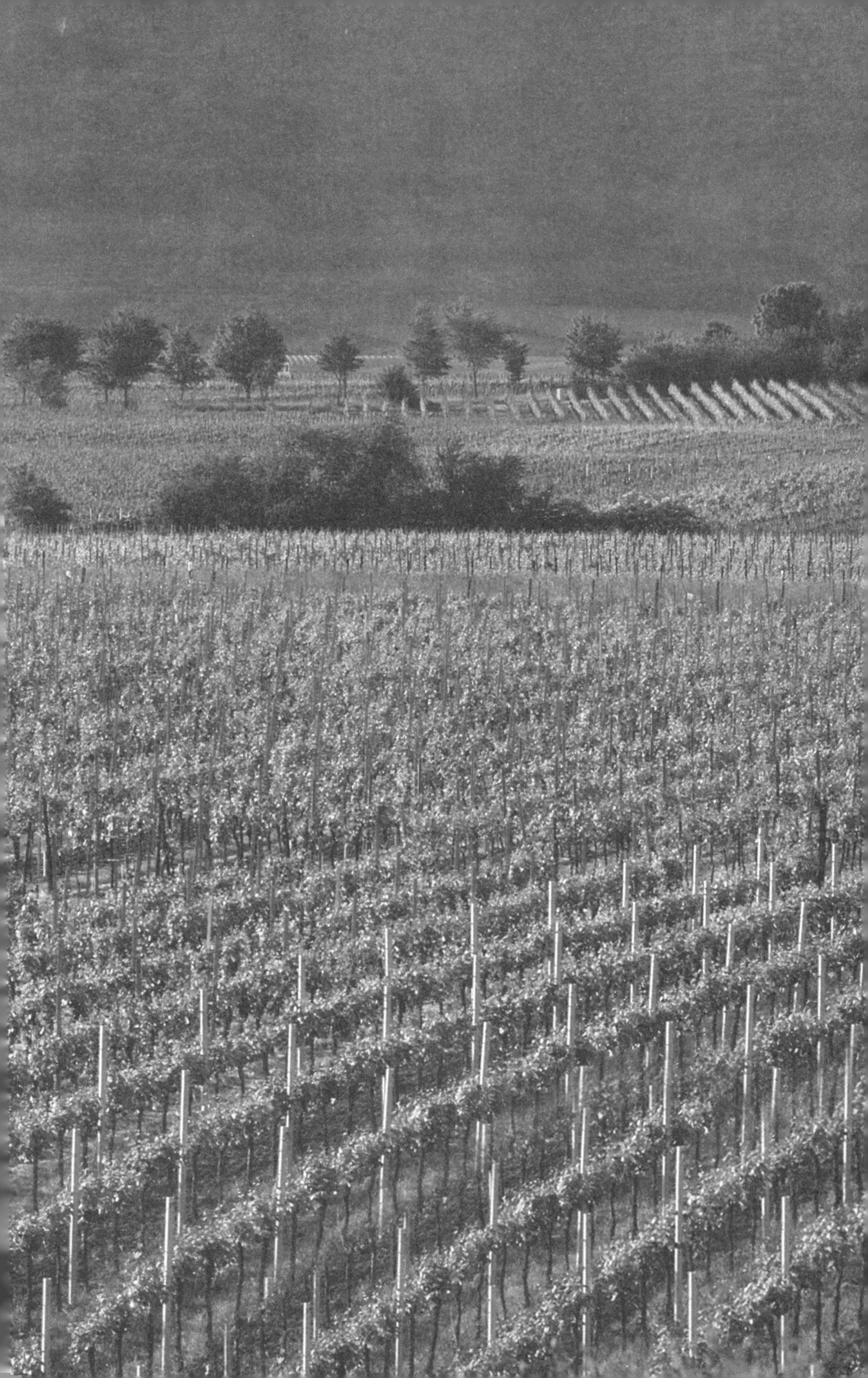

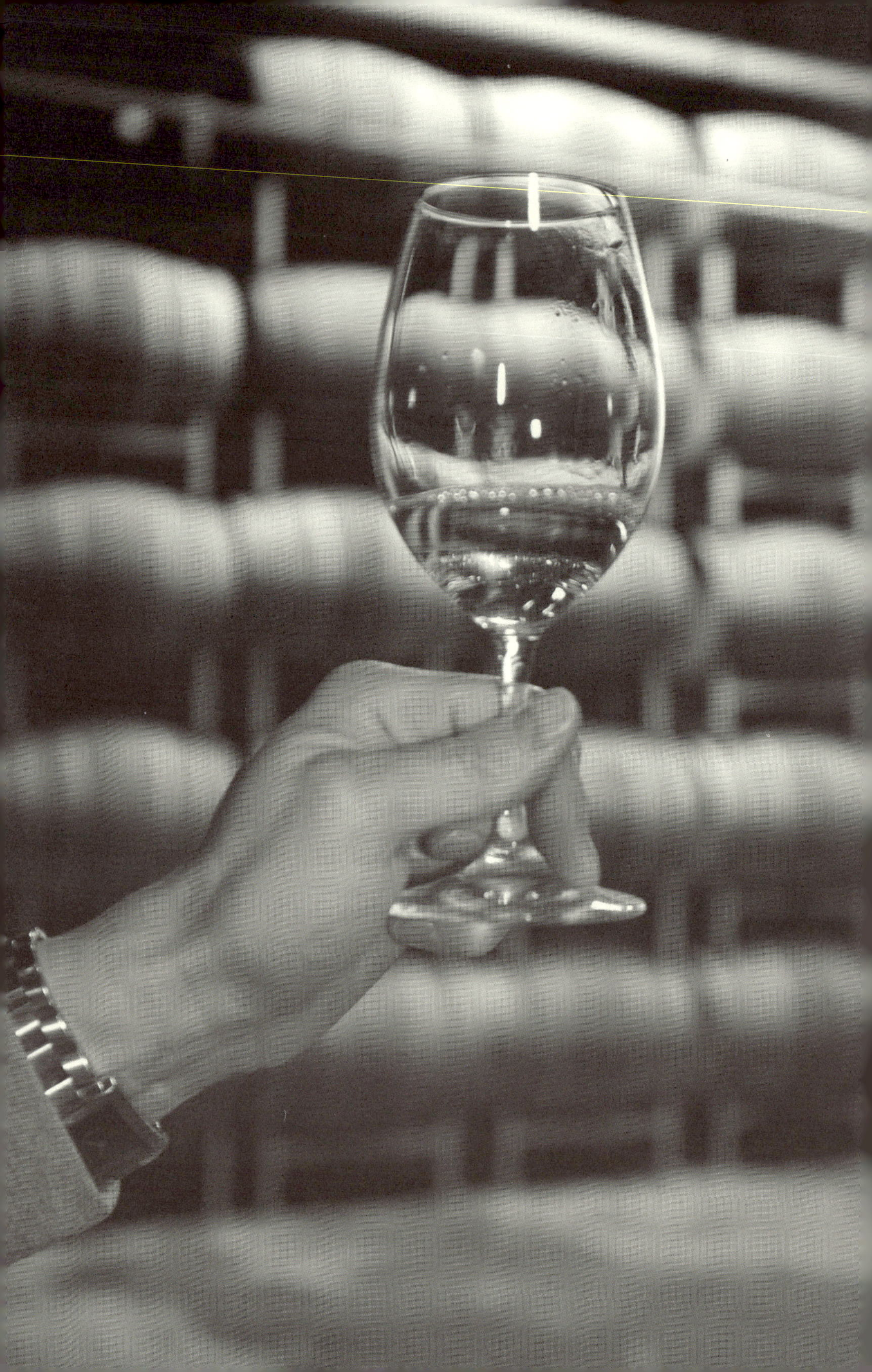

CAPÍTULO XVII

ALGUNS CONSELHOS PARA A DEGUSTAÇÃO

Temperatura: uma apropriada temperatura de serviço permite apreciar melhor as sensações olfativas e gustativas do vinho.

Não existe uma temperatura ótima para todos os vinhos, pois cada tipo requer uma temperatura que condiz com as características organolépticas do vinho a degustar.

VINHOS BRANCOS

Para os vinhos brancos é aconselhável uma temperatura baixa para poder detectar o frescor e outras sensações como de flores e frutas; contudo, para analisar e detectar os defeitos, os vinhos brancos deveriam ser degustados à temperatura ambiente, pois o resfriamento anestesia parte dos terminais das papilas táteis da língua, fazendo perder uma boa parte das características do vinho.

VINHOS TINTOS

Para os vinhos tintos é preferível degustá-los a uma temperatura entre 16°C e 18°C, com a finalidade de exaltar a harmonia dos perfumes que os caracterizam.

Espumantes secos e Champagne - 6°C a 8°C

Espumantes doces - 7°C

Tintos frisantes e novelli - 10°C a 12°C

Frisantes rosé - 12°C

Brancos maduros barricados - 12°C a 14°C

Tintos pouco envelhecidos - 14°C a 15°C

Tintos envelhecidos e tânicos - 17°C a 18°C

Abertura da garrafa: com a adequada temperatura é importante escolher o momento melhor para desarrolhar a garrafa. Os vinhos envelhecidos e medianamente envelhecidos devem ser abertos um tempo antes do consumo (2 a 3 horas). Todavia essa prática é desaconselhável para os vinhos jovens, pois provocaria um excesso de oxigenação alterando suas características gustativas.

Para os vinhos muito envelhecidos é bom usar o "decanter" (garrafa de forma particular, com ampla base que permite de ampliar a superfície livre oxigenável, com pescoço comprido e estreito para evitar o rápido difundir dos perfumes). A decantação deve ser efetuada lentamente para não agitar bruscamente o líquido e evitar que eventuais resíduos passem da garrafa ao decanter. Para este fim é aconselhável usar uma fonte luminosa (uma vela) em contra luz para controlar a limpidez do conteúdo.

Copos: é bom utilizar os copos específicos para degustação.

Material de consulta

Apostilas do "Curso avançado de vinho" SBAV - Outubro 2001.

Apostilas de Felipe Mevel, enólogo, aula 7/11/2201

Apostilas de Takuo Hashizume, enólogo, aula 14/11/2001.

Enzo Biondo- "Il vino della mia cantina" Copyright SVISA

Cagiari

www.vinitaliaonline.net

www.vinobiologico-blogspot.cpm

www.greenplanet. et

www.organicwine.com.an

http/www.rudolfsteiner.it/biodinamica/agriculturabiodinamica.html

Paolo Manobrio & Mrco Gatti – "L'ascolto del vino" - Comunica c. p. 320, 15100 Alessandria

Filme "Mondovino" - Disponível em DVD

Editora Boccato Ltda. EPP
Rua Afonso Brás, 473 - cj. 33
04511-011 - Vila Nova Conceição
Tel.: 11 3846-5141

Editora Gaia LTDA.
(pertence ao grupo Global Editora e Distribuidora Ltda.)
Rua Pirapitingüi, 111-A - Liberdade 01508-020
São Paulo - SP - Brasil (11) 3277-7999
www.globaleditora.com.br - gaia@editoragaia.com.br